云南调查年鉴 2014

国家统计局云南调查总队

中国统计出版社
China Statistics Press

图书在版编目（CIP）数据

云南调查年鉴. 2014 / 国家统计局云南调查总队编
. -- 北京 : 中国统计出版社, 2014.8
ISBN 978-7-5037-7148-4

Ⅰ. ①云… Ⅱ. ①国… Ⅲ. ①统计资料—云南省—2014—年鉴 Ⅳ. ①C832.74-54

中国版本图书馆 CIP 数据核字（2014）第 166929 号

云南调查年鉴-2014

作　　者/国家统计局云南调查总队
责任编辑/佘竞雄　李　冲
装帧设计/李雪燕
出版发行/中国统计出版社
通信地址/北京市丰台区西三环南路甲 6 号　邮政编码/100073
电　　话/邮购（010）63376909　书店（010）68783171
网　　址/http://csp.stats.gov.cn
印　　刷/云南美嘉美印刷包装有限公司
经　　销/新华书店
开　　本/880mm×1230mm　1/16
字　　数/800 千字
印　　张/12.75
版　　别/2014 年 8 月第 1 版
版　　次/2014 年 8 月第 1 次印刷
定　　价/280.00 元

本书附同版本 CD-ROM 一张，光盘内容以书面文字为准。
如有印装差错，由本社发行部调换。

《云南调查年鉴-2014》

编委会和编辑人员

编者说明

一、《云南调查年鉴》是一本重点反映云南经济发展变化的工具书。通过大量调查数据，全面记载云南省城乡居民收入、生活消费、居民消费价格、工农产品生产价格、农业调查、企业调查、专项调查等的各项统计调查数据。同时，为了方便使用和对比，本资料增加了全国及各省（区、市）的统计调查数据。

二、本年鉴内容分 6 个部分。住户调查、价格调查、农业调查、企业调查、专项调查、全国及各省（区、市）资料；为了方便读者使用，我们还附有调查简要说明与主要指标解释。

三、资料中所使用的度量衡单位均采用国际统一标准的计量单位。

四、本年鉴中部分数据合计数或相对数由于单位取舍不同而产生的计算误差，均未作机械调整。

五、符号使用说明：

“＃”表示其中的主要项；

“…”表示数据不足本表最小计量单位数；

“空格” 表示没有、不详或不掌握该项数据。

由于编者水平有限，加之时间仓促，资料的时间跨度较大，本年鉴不当之处，敬请读者批评指正。

目　　录

第一部分　住户调查

第二部分　价格调查

第三部分　农业调查

第四部分 企业调查

第五部分 专项调查

第六部分　附　　录

一 住户调查

简要说明

一、本篇资料的主要内容

本篇资料反映云南省城乡居民收入、消费及其他生活状况等主要经济指标。

二、居民生活状况资料来源

住户收支与生活状况调查的数据是以住户为单位，在常住地参加调查。调查内容主要包括居民现金和实物收支情况、住户成员及劳动力从业情况、居民家庭食品和能源消费情况、住房和耐用消费品拥有情况、家庭经营和生产投资情况、社区基本情况以及其他民生状况等。

三、调查组织

住户调查由两部分组成。一是分省住户调查，以省为总体进行抽样，主要目的是准确反映全国及分省居民收支水平、结构、增长速度，收入分配格局以及政策对居民生活状况的影响。二是分市县住户调查，以市、县为总体进行抽样，主要目的是准确反映分市县居民收支水平和增长速度，满足政府对市县管理的需要。 国家统计局统一领导住户调查，负责制定调查方案，组织调查实施，监督调查过程，审核、处理、汇总调查数据，发布全国和分省城乡居民收入、消费和生活状况数据。 国家统计局各调查总队按照国家调整方案规定，负责组织分省住户调查工作，牵头并会同各省级统计局组织分市县住户调查。分市县住户调查具体实施方案必须按照《国家统计局关于加强和改进分市县住户调查工作的通知》和国家调查方案的要求，由各调查总队会同省级统计局制定后上报国家统计局审批。各级统计调查部门应按照方案规定，认真组织实施调查，确保调查数据质量。

四、城乡一体化住户调查概况

为满足政府统筹城乡发展、改善收入分配格局、让全体居民共享发展成果等战略需要，国家统计局对城乡住户调查进行了一体化改革，统一了城镇和农村居民收入和支出调查的分类标准、指标名称与口径，并按照统一的抽样方法和程序，在我省抽选了 20300 户城乡居民家庭，从 2012 年四季度起正式开展城乡一体化的住户收支与生活状况调查。在国家统一抽选的 20300 户城乡居民家庭中，有 5000 户为分省住户调查样本户，调查结果代表我省城乡居民的收入平均水平。

至 2013 年底，按照国家新制度规定，云南调查总队收集了调查户 12 个月的记账数据，并于 2014 年 1 月底根据全国统一的计算要求，初步汇总计算出 2013 年城乡可北的全省居民可支配收入，经国家评估认定后，得到最终的全省居民人均可支配收入。

启用城乡可比的居民可支配收入，一方面可以更加准确地反映全体居民收入分配全貌，为国家制定统筹城乡发展和调整收入分配格局政策提供全面可靠的信息；另一方面，也可以用统一标准监测城乡居民收入增长和差距变化，更加准确地反映不同群体居民对经济发展成果的分享情况；同时，也填补了我国缺少全体居民收入数据的空白。

五、变动情况

城乡住户调查一体化改革后，新口径的城乡居民收入与老口径的城乡居民收入主要有四点不同：一是指标名称不同，新口径的农村居民收入是农村人均可支配收入，老口径是农民人均纯收入，城镇居民不变；二是抽样方法不同，新口径是城乡统一抽样，老口径是城乡各自抽样，同时，具体的抽样过程也有较大差异；三是调查范围不同，新口径是区域内的所有常住居民户，不包括外籍住户，老口径由于城乡分别抽样，调查范围互有重合和遗漏的区域；四是指标口径不同，主要的区别是新口径的城乡居民可支配收入包括实物收入和自有住房折算净租金，老口径城镇居民可支配收入不包括实物收入部分，老口径农民纯收入不包括自有住房折算净租金，另外，收入分项指标的口径也有一些变动。

1-1 居民收支与生活状况调查户基本情况(2013年)

单位：户

项 目	金 额
调查样本住户数	**4943**
城镇住户	2002
农村住户	2941
户主文化程度	**4941**
未上过学	379
小学	1909
初中	1779
高中	471
大学专科	224
大学本科	171
研究生	8
住户经营情况	**4941**
生产经营户	3783
#农业生产经营户	3402
#非农生产经营户	723
#兼营户	343
非生产经营户	1158
按家庭规模分的住户类型	**4941**
一人户	224
二人户	625
三人户	1211
四人户	1405
五人户	876
六人及以上户	599
按城乡分的住户类型	**4943**
主城区	953
城乡结合区	101
镇中心区	668
镇乡结合区	242
特殊区域	39
乡中心区	366
村庄	2575

1-2 1978-2013年城镇居民家庭基本情况

年 份	调查户数(户)	平均每户家庭人口(人)	平均每户就业人口(人)	平均每户就业面(%)	平均每一就业者负担人数(人)
1978	330	4.45	2.15	48.30	2.07
1979	330	4.39	2.16	49.30	2.03
1980	330	4.34	2.14	49.40	2.03
1981	330	4.28	2.20	51.40	1.95
1982	330	4.24	2.27	53.50	1.87
1983	330	4.21	2.29	54.40	1.83
1984	330	4.13	2.27	55.00	1.82
1985	650	3.85	2.03	52.70	1.89
1986	650	3.80	2.03	53.40	1.88
1987	650	3.77	2.01	53.30	1.88
1988	950	3.69	1.92	52.00	1.93
1989	950	3.67	1.92	52.30	1.91
1990	950	3.57	1.93	54.10	1.85
1991	950	3.48	1.91	54.90	1.82
1992	950	3.37	1.91	56.70	1.76
1993	950	3.30	1.87	56.70	1.76
1994	950	3.20	1.83	57.10	1.75
1995	950	3.17	1.84	57.80	1.73
1996	950	3.13	1.86	59.40	1.68
1997	950	3.12	1.88	60.30	1.66
1998	950	3.05	1.83	60.00	1.67
1999	950	3.05	1.80	59.00	1.69
2000	1250	3.12	1.77	56.70	1.76
2001	1250	3.04	1.60	52.60	1.90
2002	1250	3.00	1.56	52.00	1.92
2003	1300	2.99	1.55	51.84	1.93
2004	1600	2.96	1.41	47.64	2.10
2005	1600	2.96	1.33	44.93	2.23
2006	1550	2.95	1.37	46.44	2.16
2007	1750	2.88	1.39	48.26	2.07
2008	1750	2.87	1.40	48.78	2.05
2009	1750	2.84	1.40	49.29	2.03
2010	1750	2.86	1.42	49.65	2.01
2011	1750	2.88	1.47	51.04	1.96
2012	1750	2.86	1.53	53.50	1.87
2013	1020	2.72	1.46	53.50	1.87

1-3 1978-2013年农村居民家庭基本情况

年 份	调查户数 (户)	常住人口 (人)	常住人口 (人/户)	整半劳动力 (人/户)	劳动力负担人口 (人/劳动力)
1978	544	3421	6.29	3.03	2.08
1979	610	3669	6.01	2.84	2.12
1980	610	3646	5.98	2.90	2.06
1981	610	3618	5.93	2.92	2.03
1982	610	3629	5.95	2.99	1.99
1983	610	3683	6.04	3.37	1.79
1984	610	3618	5.93	3.38	1.75
1985	2400	13981	5.83	3.30	1.77
1986	2400	13809	5.75	3.20	1.80
1987	2400	13646	5.69	3.20	1.78
1988	2400	13398	5.58	3.20	1.74
1989	2400	13200	5.50	3.20	1.72
1990	2400	13001	5.42	3.20	1.69
1991	2400	12480	5.20	3.02	1.72
1992	2400	12433	5.18	3.10	1.67
1993	2400	12239	5.10	3.10	1.65
1994	2400	12021	5.01	3.10	1.62
1995	2400	11862	4.94	3.10	1.59
1996	2400	11758	4.90	3.20	1.44
1997	2400	11569	4.82	3.10	1.55
1998	2400	11221	4.68	3.10	1.51
1999	2400	11012	4.59	2.96	1.55
2000	2400	10940	4.56	2.90	1.59
2001	2400	10786	4.49	2.80	1.61
2002	2400	10761	4.48	2.87	1.56
2003	2400	10684	4.45	2.90	1.55
2004	2400	10591	4.41	2.90	1.52
2005	2400	10396	4.33	2.80	1.54
2006	2400	10449	4.35	2.80	1.57
2007	2400	10371	4.32	2.80	1.54
2008	2400	10361	4.32	2.86	1.51
2009	2400	10316	4.30	2.87	1.50
2010	2400	10271	4.28	2.87	1.49
2011	2400	10019	4.17	2.80	1.49
2012	2400	10075	4.20	2.77	1.52
2013	3500	15540	4.44	2.85	1.56

1-4 居民人均总收入(2013年)

单位：元

指标	金额
总收入(未扣除生产费用)	**15016.89**
工资性收入	**5715.59**
工资	4525.75
从单位得到的实物收入和服务	12.54
其他工资性收入	1177.30
经营性收入	**5572.25**
第一产业经营收入	4102.89
第二产业经营收入	204.27
第三产业经营收入	1265.09
财产性收入	**1329.14**
利息收入	0.74
红利收入	268.28
储蓄性保险净收益	0.49
转让承包土地经营权租金净收入	44.32
出租房屋财产性收入	462.52
出租机械、专利、版权等资产的收入	9.15
其他财产净收入	49.64
房屋虚拟租金	493.13
转移性收入	**2399.90**
养老金或离退休金	1559.24
社会救济和补助	116.79
政策性生活补贴	30.87
家庭外出从业人员寄回带回收入	358.27
赡养收入	114.11
报销医疗费	56.14
从政府和组织得到的实物产品和服务折价	15.79
现金政策性惠农补贴	89.18
其他转移性收入	59.51
非收入所得	**682.64**
出售资产所得	258.88
非经常性转移所得	419.01
其他非收入所得	4.75
借贷性所得	**2152.70**
提取储蓄存款	1373.24
借入款	484.74
收回借出款	80.81
收回储蓄性保险本金	0.76
住房贷款	64.80
汽车贷款	6.89
教育贷款	2.89
其他贷款	114.81
其他借贷所得	23.75

1-5 居民人均可支配收入(2013年)

单位：元

指　标	金　额
可支配收入	**12577.87**
工资性收入	**5715.57**
工资	4525.75
实物福利	12.52
其他	1177.30
经营净收入	**3520.15**
第一产业经营净收入	2437.68
第二产业经营净收入	151.79
第三产业经营净收入	930.68
财产净收入	**1316.59**
利息净收入	0.74
红利收入	268.28
储蓄性保险净收益	0.49
转让承包土地经营权租金净收入	44.32
出租房屋财产性收入	462.52
出租机械、专利、版权等资产的收入	-3.40
其他财产净收入	51.22
房屋虚拟租金	493.13
转移净收入	**2025.56**

1-6 居民人均现金可支配收入(2013年)

单位：元

指　　标	金　额
现金可支配收入	**11681.09**
现金工资性收入	**5703.06**
工资	4525.75
其他工资性收入	1177.30
现金经营净收入	3189.06
第一产业现金经营净收入	**1954.01**
第二产业现金经营净收入	171.99
第三产业现金经营净收入	1063.06
现金财产净收入	836.01
利息净收入	**0.74**
红利收入	268.28
储蓄性保险净收益	0.49
转让承包土地经营权租金净收入	44.32
出租房屋财产性收入	462.52
出租机械、专利、版权等资产的收入	9.15
其他财产净收入	49.64
现金转移净收入	1952.96

1-7 1978-2013年城镇居民家庭人均收入来源

单位：元

年 份	可支配收入	总收入				
			工资性收入	经营净收入	财产性收入	转移性收入
1978	327.70	334.39				
1979	362.40	368.31				
1980	420.45	425.88				
1981	446.41	454.69				
1982	492.51	500.86				
1983	532.54	531.96				
1984	608.23	616.80				
1985	752.29	761.95	626.76	3.60		
1986	871.75	883.68	694.32	6.96		
1987	989.37	1001.29	775.56	11.50		
1988	1156.49	1168.80	841.31	14.11	6.88	144.19
1989	1305.15	1318.13	942.19	13.15	6.82	161.65
1990	1514.81	1528.28	1111.10	12.51	10.00	168.35
1991	1703.16	1716.65	1248.60	9.81	12.81	170.55
1992	2061.74	2104.18	1519.12	5.54	25.07	304.50
1993	2639.07	2692.09	1881.09	7.14	39.64	422.63
1994	3433.97	3486.37	2502.60	29.52	48.96	555.84
1995	4064.93	4113.24	2973.84	61.80	73.56	632.76
1996	4977.95	4999.04	3306.43	96.63	108.79	881.28
1997	5558.29	5616.21	4379.65	100.61	138.86	805.21
1998	6042.78	6100.26	4658.10	141.83	126.91	921.21
1999	6178.68	6234.59	4748.59	159.36	112.77	978.30
2000	6324.64	6369.58	4629.24	236.91	178.46	1012.51
2001	6797.71	6849.73	4505.68	298.28	203.65	1487.78
2002	7240.62	7690.48	5446.87	279.04	70.85	1893.72
2003	7643.57	8202.58	5854.39	286.92	86.43	1974.84
2004	8870.88	9546.29	6140.67	518.17	334.41	2553.04
2005	9265.90	9994.65	6170.93	595.45	428.07	2800.20
2006	10069.89	10848.10	6881.39	536.72	467.25	2962.74
2007	11496.11	12296.42	8019.69	686.18	476.78	3113.77
2008	13250.22	14118.03	8596.88	1165.96	849.45	3505.74
2009	14423.93	15680.27	9641.68	1092.29	1043.93	3902.38
2010	16064.54	17478.91	10845.21	1122.89	1162.12	4348.70
2011	18575.62	20255.13	12416.17	1785.61	1273.99	4779.36
2012	21074.50	23000.43	14408.29	2425.03	999.98	5167.14
2013	23235.53	24698.33	15140.70	2540.32	1459.33	5557.98

注：2001年及以前各年“工资性收入”为国有和集体职工收入；2002年前后“可支配收入”计算口径不同；2001年及以前各年“总收入”不等于其中四项之和。

1-8 1978-2013年农村居民家庭人均总收入

单位：元

年 份	总收入				
		工资性收入	家庭经营收入	财产性收入	转移性收入
1978	146.62	78.97	57.50		10.15
1979	144.42	71.80	61.81		10.81
1980	170.70	77.10	76.10		17.50
1981	202.88	79.97	101.06		21.85
1982	265.98	107.80	135.72		22.46
1983	353.11	17.72	304.32		31.07
1984	416.84	17.26	363.24		36.34
1985	446.52	36.21	378.36		31.95
1986	466.15	18.25	424.45		23.45
1987	516.48	19.92	473.00		23.56
1988	614.08	13.21	564.73		36.14
1989	688.11	14.53	629.81		43.77
1990	774.99	76.97	662.63		35.39
1991	836.45	83.20	714.24		39.01
1992	930.75	14.92	853.56		62.27
1993	1065.15	83.48	899.39		82.28
1994	1287.65	96.03	1105.89	53.26	32.47
1995	1709.47	120.84	1483.52	57.01	48.10
1996	2023.28	139.22	1743.63	64.93	75.50
1997	2197.21	177.97	1901.11	22.51	95.62
1998	2157.52	194.79	1814.99	36.34	111.40
1999	2209.64	215.26	1880.06	26.03	88.29
2000	2246.94	263.58	1844.73	47.94	90.69
2001	2330.95	283.36	1894.27	59.35	93.97
2002	2491.42	286.17	2036.22	60.43	108.60
2003	2554.40	318.20	2067.80	67.20	101.20
2004	2843.00	325.86	2348.57	71.80	96.77
2005	3179.15	348.31	2652.55	75.50	102.79
2006	3593.60	441.80	2952.40	82.20	117.20
2007	4215.06	521.63	3459.15	86.41	147.86
2008	4889.13	617.47	3908.04	109.83	253.79
2009	5105.30	684.95	3975.15	127.52	317.68
2010	5837.55	930.00	4339.11	176.84	391.61
2011	7396.55	1138.55	5567.32	218.99	471.70
2012	8188.14	1435.87	6034.40	234.19	483.67
2013	8624.30	1729.19	6043.67	229.78	621.66

1-9 1978-2013年农村居民家庭人均纯收入

单位：元

年份	纯收入	工资性收入	家庭经营纯收入	财产性收入	转移性收入
1978	130.60	78.97	41.48	10.15	
1979	125.21	71.80	42.60	10.81	
1980	150.12	77.11	55.56	17.45	
1981	178.08	79.97	76.26	21.85	
1982	231.83	107.80	101.57	22.46	
1983	266.66	17.72	219.44	29.50	
1984	310.43	16.64	261.21	32.58	
1985	338.34	36.21	270.18	31.95	
1986	338.14	8.64	300.86	28.64	
1987	364.57	9.48	325.31	29.78	
1988	427.72	9.54	383.24	34.94	
1989	477.89	11.97	424.53	41.39	
1990	540.86	76.97	433.96	29.93	
1991	572.58	11.17	513.84	47.57	
1992	617.98	14.92	546.88	56.18	
1993	674.80	83.48	515.56	75.76	
1994	802.95	96.03	628.22	32.47	
1995	1010.97	120.84	792.04	57.00	
1996	1229.28	139.22	957.51	64.93	67.62
1997	1375.50	177.97	1091.27	22.51	83.75
1998	1387.25	194.79	1054.67	36.34	101.45
1999	1437.63	215.26	1119.16	26.03	77.17
2000	1478.60	263.58	1115.68	47.94	51.40
2001	1533.74	283.36	1137.63	59.35	53.40
2002	1608.64	286.17	1193.26	60.43	68.78
2003	1697.10	318.20	1242.70	67.20	69.00
2004	1864.20	325.90	1386.60	71.80	79.90
2005	2041.80	348.30	1530.10	75.50	87.90
2006	2250.50	441.80	1631.60	82.20	94.90
2007	2634.09	521.63	1910.18	86.41	115.87
2008	3102.60	617.47	2156.80	109.83	218.50
2009	3369.34	684.95	2279.02	127.52	277.85
2010	3952.03	930.00	2510.12	176.84	335.07
2011	4721.99	1138.55	2966.18	218.99	398.27
2012	5416.54	1435.87	3328.10	234.19	418.38
2013	6141.31	1729.19	3650.37	229.78	531.97

1-10 1980-2013年农村居民家庭人均现金收入

单位：元

年 份	现金收入				
		工资性收入	家庭经营收入	财产性收入	转移性收入
1980	78.23	20.82	43.38	14.03	
1981	103.25	22.15	63.23	17.87	
1982	139.76	28.01	92.69	19.06	
1983	202.28	19.91	153.24	29.13	
1984	253.52	15.48	205.78	32.26	
1985	254.14	9.91	203.49	40.74	
1986	266.99	8.62	213.18	45.19	
1987	324.02	9.42	265.85	48.75	
1988	414.91	9.54	341.88	63.49	
1989	464.76	11.90	387.04	65.82	
1990	479.72	10.05	397.82	71.85	
1991	537.73	11.15	452.60	73.98	
1992	629.04	14.89	529.11	85.04	
1993	717.49	80.83	530.37	106.29	
1994	913.59	95.58	714.75	34.99	
1995	1209.74	120.27	984.20	40.04	
1996	1359.70	137.77	1081.22	46.21	
1997	1437.00	177.47	1102.53	37.78	119.22
1998	1403.42	194.47	1006.56	62.12	140.27
1999	1404.52	215.01	1023.94	42.47	123.10
2000	1430.02	263.18	1038.20	41.66	86.98
2001	1473.06	282.28	1043.41	59.29	88.07
2002	1593.60	284.32	1145.18	60.39	103.72
2003	1709.81	317.55	1240.34	64.92	87.00
2004	1859.66	325.15	1379.77	65.11	89.62
2005	2175.11	348.27	1660.19	70.13	96.52
2006	2664.77	441.77	2039.13	68.29	115.57
2007	3190.62	521.57	2446.35	80.43	142.28
2008	3692.29	613.82	2721.69	107.41	249.37
2009	3876.05	684.02	2754.18	128.39	309.46
2010	4565.22	928.87	3077.48	171.13	387.73
2011	5951.34	1136.94	4124.76	221.10	468.54
2012	6693.12	1430.81	4539.33	241.11	481.87
2013	7183.17	1726.41	4614.97	230.39	611.41

1-11 居民人均总支出(2013年)

单位：元

指　　标	金　额
总支出	**15662.62**
消费支出	**8823.81**
食品烟酒	3048.43
食品	2323.50
谷物	416.64
薯类	50.22
豆类	31.25
食用油	93.00
蔬菜和食用菌	381.40
肉类	647.51
禽类	143.54
水产品	62.30
蛋类	47.07
奶类	64.11
干鲜瓜果类	157.08
糖果糕点类	79.06
饮料	55.32
其他食品	79.97
烟酒	334.17
饮食服务	390.68
衣着	550.30
居住	1858.34
生活用品及服务	511.64
交通通信	1110.92
教育文化娱乐	962.09
医疗保健	642.12
其他用品和服务	139.98
生产经营费用支出	**1718.01**
第一产业经营费用支出	1483.06
第二产业经营费用支出	34.82
第三产业经营费用支出	200.13
财产性支出	**23.07**
生活贷款利息支出	21.45
其他财产性支出	1.62
转移性支出	**375.01**
个人所得税	7.27
社会保障支出	272.34
外来从业人员寄给家人的支出	8.56
赡养支出	36.58
其他转移性支出	50.25
部分商业保险支出	**22.58**
购置资产及非经常性转移支出	**1881.93**
借贷性支出	**2818.22**

1-12 居民人均生活消费支出(2013年)

单位：元

指　　标	金　额
生活消费支出	**12136.91**
食品烟酒	2545.84
食品	1821.05
谷物	308.60
薯类	19.28
豆类	25.94
食用油	86.78
蔬菜和食用菌	279.69
肉类	460.49
禽类	95.05
水产品	61.61
蛋类	32.37
奶类	64.04
干鲜瓜果类	155.66
糖果糕点类	79.06
饮料	54.85
其他食品	75.67
烟酒	334.00
饮食服务	390.68
衣着	550.44
居住	5674.02
生活用品及服务	511.48
交通通信	1110.92
教育文化娱乐	962.21
医疗保健	642.12
其他用品和服务	139.87

1-13 居民人均现金消费支出(2013年)

单位：元

指标	金额
现金消费支出	**7020.32**
食品烟酒	2535.86
食品	1814.85
谷物	308.60
薯类	19.28
豆类	25.94
食用油	86.78
蔬菜和食用菌	279.69
肉类	460.49
禽类	95.05
水产品	61.61
蛋类	32.37
奶类	64.04
干鲜瓜果类	155.66
糖果糕点类	79.06
饮料	54.85
其他食品	75.67
烟酒	334.00
饮食服务	387.00
衣着	550.06
居住	639.74
生活用品及服务	510.03
交通通信	1109.81
教育文化娱乐	961.84
医疗保健	575.47
其他用品和服务	137.50

1-14　居民人均生产经营现金费用支出(2013年)

单位：元

指　　标	金　额
生产经营现金费用支出	**1418.98**
第一产业经营现金费用支出	1184.04
农业	690.47
林业	36.64
牧业	438.69
渔业	7.81
农林牧渔服务业	10.42
第二产业经营现金费用支出	34.82
采矿业	0.96
制造业	14.20
电力、热力、燃气及水生产和供应业	0.20
建筑业	19.46
第三产业经营现金费用支出	200.13
批发和零售业	60.17
交通运输、仓储和邮政业	88.18
住宿和餐饮业	31.86
房地产业	3.82
租赁和商务服务业	1.45
居民服务、修理和其他服务业	6.61
其他	8.04

1-15 居民人均购买生活消费品及服务支出(2013年)

单位：元

指　　标	金　额
购买生活消费品及服务	**7278.24**
食品烟酒	2608.23
食品	1863.89
谷物	326.49
薯类	19.86
豆类	26.73
食用油	90.25
蔬菜和食用菌	286.35
肉类	476.19
禽类	97.51
水产品	63.50
蛋类	33.43
奶类	65.31
干鲜瓜果类	160.30
糖果糕点类	81.76
饮料	57.06
烟酒	351.54
饮食服务	392.80
衣着	562.55
居住	664.64
生活用品及服务	528.48
交通通信	1117.48
教育文化娱乐	998.11
医疗保健	657.28
其他用品和服务	141.47

1-16 1978-2013年城镇居民家庭人均消费性支出

单位：元

年 份	生活消费支出	食品支出	衣着支出	居住支出	家庭设备、用品及服务支出	医疗保健支出	交通通讯支出	文教娱乐用品及服务支出	其他商品和服务支出
1978	303.12								
1979	342.60								
1980	380.64								
1981	411.57								
1982	455.92								
1983	480.13								
1984	527.27								
1985	703.56	360.39	91.19	24.52	66.13	10.50		74.51	49.50
1986	813.92	423.93	100.26	29.84	68.48	13.24		79.17	67.37
1987	883.52	481.85	105.28	23.92	85.18	16.13		57.49	76.44
1988	1143.29	533.70	137.64	49.28	134.08	21.41		98.88	101.96
1989	1140.71	621.33	119.83	44.82	91.29	28.22		64.29	116.80
1990	1272.09	679.18	154.78	44.28	101.07	37.89		77.67	126.27
1991	1428.28	763.42	193.83	29.47	133.00	47.86	18.15	77.12	140.04
1992	1704.15	861.60	233.76	81.51	138.00	63.12	47.64	165.72	112.80
1993	2186.29	1066.99	289.71	109.51	193.54	86.87	73.97	224.96	140.74
1994	2843.69	1441.93	386.94	154.89	197.52	122.84	128.98	270.32	140.27
1995	3448.27	1808.71	438.57	171.42	225.48	141.24	174.78	323.46	164.61
1996	4007.48	1971.54	511.27	294.03	284.49	180.51	208.30	364.15	193.19
1997	4537.08	2109.53	567.07	394.34	312.46	209.63	237.68	502.63	203.74
1998	5032.67	2222.58	588.05	421.21	423.85	215.35	266.48	588.45	306.70
1999	4941.26	2194.25	537.01	407.70	369.07	249.54	290.84	561.91	330.94
2000	5185.31	2091.70	521.92	480.04	384.15	291.76	421.76	649.33	344.65
2001	5252.60	2105.66	535.41	508.82	306.73	369.63	467.60	595.92	362.83
2002	5828.06	2423.43	539.58	437.69	311.48	466.17	623.87	855.00	170.84
2003	6023.56	2506.62	594.50	445.46	269.57	545.76	763.59	735.88	162.18
2004	6837.01	2895.60	651.72	592.93	302.04	623.22	882.19	725.08	164.23
2005	6996.90	2997.06	643.94	543.10	291.17	663.01	930.58	775.62	152.42
2006	7379.81	3102.46	745.08	585.35	335.14	600.08	1076.93	754.69	180.08
2007	7921.83	3562.33	859.65	673.07	280.62	631.70	1034.71	705.51	174.24
2008	9076.61	4272.29	1026.50	739.20	331.94	606.86	1216.46	732.95	150.41
2009	10201.81	4460.58	1102.14	943.67	393.22	708.78	1587.19	798.69	207.53
2010	11074.08	4593.49	1158.82	835.45	509.41	637.89	2039.67	1014.40	284.95
2011	12248.03	4802.26	1587.18	827.84	570.46	822.41	1905.86	1350.65	381.38
2012	13883.93	5468.17	1759.89	973.76	634.09	939.13	2264.23	1434.30	410.35
2013	15156.15	5741.01	1356.91	1384.91	987.24	1085.46	2197.73	2045.29	357.61

1-17 1980-2013年农村居民家庭人均生活消费支出

单位：元

年份	生活消费支出	食品支出	衣着支出	居住支出	家庭设备、用品及服务支出	医疗保健支出	交通通讯支出	文教娱乐用品及服务支出	其他商品和服务支出
1980	124.56	87.07	12.49	16.06	1.51	1.59	0.36	4.02	1.46
1985	267.01	177.98	22.88	38.93	9.83	5.58	3.09	6.16	2.56
1990	485.47	310.40	35.77	76.16	21.77	13.74	5.32	19.44	2.87
1991	501.36	318.30	37.64	72.78	23.85	17.28	6.98	20.86	3.67
1992	536.06	328.22	42.66	81.50	26.24	18.03	8.66	27.20	3.55
1993	625.19	382.59	43.25	82.53	40.66	20.14	10.33	37.29	8.40
1994	764.91	458.43	51.12	115.66	42.46	26.21	13.50	44.36	13.17
1995	981.10	602.92	60.77	133.94	54.29	32.04	21.49	58.07	17.58
1996	1209.16	743.33	74.64	175.14	56.12	40.28	23.91	75.17	20.57
1997	1318.07	818.51	72.84	196.11	58.62	43.30	22.91	81.28	24.50
1998	1312.31	801.99	60.23	191.78	57.42	53.07	26.66	95.66	25.50
1999	1269.33	815.67	56.59	128.13	53.43	58.40	27.96	102.86	26.29
2000	1270.83	749.22	55.35	177.14	47.53	64.31	31.96	106.14	39.18
2001	1336.25	725.12	54.52	209.24	49.76	111.96	41.48	101.10	43.07
2002	1381.54	772.61	57.54	223.30	51.41	69.02	45.57	114.00	48.08
2003	1405.70	744.58	57.27	257.65	51.42	79.93	59.54	131.49	23.82
2004	1571.00	848.26	61.87	239.29	61.78	87.66	105.52	143.20	23.42
2005	1789.00	975.72	80.33	225.79	67.03	122.33	99.81	182.62	35.37
2006	2195.64	1071.13	93.62	435.87	83.81	138.16	157.25	177.89	37.91
2007	2637.18	1226.69	112.52	586.07	107.15	167.92	216.67	181.73	38.43
2008	2990.61	1483.16	119.63	626.12	118.97	181.97	248.25	168.55	43.97
2009	2924.85	1410.00	137.19	496.66	147.80	197.55	313.26	177.66	44.73
2010	3398.33	1604.50	160.72	638.09	167.66	239.94	337.85	206.45	43.11
2011	3999.87	1883.95	209.05	702.41	208.24	309.25	393.04	241.13	52.80
2012	4561.33	2080.61	241.07	804.39	247.00	362.63	470.19	289.22	66.22
2013	4743.61	2097.64	211.38	906.34	258.79	352.92	589.91	241.13	85.49

1-18 居民人均食品消费量(2013年)

单位：千克

指　　标	数　量
粮食	**152.79**
谷物	144.17
小麦	7.80
稻谷	117.09
玉米	14.08
其他谷物	5.20
薯类	2.47
豆类	6.16
蔬菜及菜制品	105.21
鲜菜	102.91
干菜及菜制品	1.17
鲜菌	1.07
干菌及菌制品	0.06
肉禽及其制品	37.80
猪肉	28.07
牛肉	1.66
羊肉	0.31
家禽	6.27
其他肉禽及制品	1.49
蛋类及蛋制品	4.32
奶和奶制品	5.17
水产品	3.51
油脂类	7.55
食糖	4.90
水果类	10.72
瓜类	10.48
坚果	13.43
茶叶	0.33
烟叶	33.19
酒	8.36

1-19 居民每百户家庭耐用消费品拥有量(2013年)

单位：辆、台、个

指　　标	数　量
家用汽车	**18.59**
摩托车	47.67
助力车	17.81
洗衣机	72.00
电冰箱(柜)	57.63
微波炉	27.18
彩色电视机	102.49
其中：接入有线电视	62.62
空调	1.79
热水器	64.25
其中：太阳能热水器	54.84
消毒碗柜	3.82
洗碗机	0.58
排油烟机	29.50
固定电话	21.26
移动电话	215.52
其中：接入互联网	38.64
计算机	26.16
其中：接入互联网	22.07
摄像机	2.70
照相机	14.07
中高档乐器	1.45
健身器材	1.42
组合音响	12.40

1-20 1985-2013年城镇居民家庭人均全年主要商品购买情况

年份	粮食（千克）	鲜菜（千克）	油脂（千克）	猪肉（千克）	牛羊肉（千克）	家禽（千克）	鲜蛋（千克）	水产品（千克）	白酒（千克）	服装（件）
1985	135.5	133.2	3.8	15.9	3.8	2.7	3.1	3.0	3.3	2.4
1986	147.4	146.0	3.7	17.4	4.1	2.9	3.0	3.7	3.9	2.3
1987	142.7	142.1	3.8	18.6	5.0	2.8	3.1	3.5	3.7	2.4
1988	163.9	153.6	5.2	17.1	4.1	2.6	2.9	2.6	3.8	2.3
1989	140.4	144.3	3.4	18.3	2.8	2.3	2.9	2.8	3.6	1.9
1990	140.2	148.4	3.7	20.1	3.1	2.7	3.6	3.7	4.0	2.3
1991	159.8	140.7	4.2	21.2	3.4	3.2	4.1	3.2	3.5	2.9
1992	117.7	143.3	9.1	22.7	3.4	3.4	4.7	1.7	3.6	5.5
1993	100.3	134.3	9.0	20.9	2.9	3.3	4.6	1.4	3.6	5.3
1994	116.5	154.3	9.7	27.5	3.2	6.4	5.8	2.8	5.7	10.1
1995	89.6	127.3	7.1	21.9	1.9	5.2	5.6	4.5	3.1	5.4
1996	89.4	123.1	7.5	21.3	2.1	4.9	5.9	4.1	3.1	5.8
1997	85.7	112.9	6.6	21.2	2.2	5.3	6.3	5.0	3.4	6.3
1998	87.6	121.3	5.9	19.9	2.6	6.3	7.0	6.1	3.1	6.6
1999	86.0	116.9	5.7	19.7	2.6	6.7	7.4	6.9	2.6	6.2
2000	80.5	122.0	6.0	22.9	2.4	6.9	7.0	5.6	3.1	6.0
2001	83.4	132.8	5.8	22.5	2.4	6.6	7.1	6.7	3.0	6.0
2002	79.5	130.8	6.6	23.4	2.8	8.3	7.1	6.3	2.4	5.6
2003	83.2	138.6	5.8	22.2	2.5	8.4	7.4	7.0	2.6	6.4
2004	80.8	148.6	5.9	21.7	2.7	7.4	7.9	7.5	2.4	6.0
2005	81.3	159.5	5.8	22.7	2.5	7.8	7.9	7.2	2.9	5.8
2006	78.4	147.7	4.9	22.9	2.6	7.5	7.6	6.8	3.1	5.9
2007	73.4	146.0	4.4	20.4	3.2	8.0	6.4	6.6	3.1	5.6
2008	65.4	161.8	5.1	22.5	2.8	8.6	7.3	6.8	3.3	5.8
2009	58.1	155.7	3.8	22.0	2.9	7.9	6.9	7.0	3.0	6.0
2010	69.8	139.1	6.0	22.9	3.5	9.0	6.2	7.2	2.9	6.2
2011	71.5	139.3	9.8	22.7	3.6	8.1	5.2	5.0	2.9	7.2
2012	71.1	142.7	9.7	21.9	3.5	8.5	4.7	5.8	3.5	9.9
2013	83.3	121.7	12.7	23.9	5.3	8.7	5.6	7.6	2.5	

注：2007、2008年油脂数量为食用植物油数量。

1-21 2011-2013年各州市县城镇居民可支配收入

单位：元/人

地 区	2011	2012	2013	地 区	2011	2012	2013
全 省	18576	21075	23236	玉溪市	18527	21384	24276
昆明市	21966	25240	28354	红塔区	19258	22047	25067
五华区	22752	26260	29700	江川县	18260	21098	23967
盘龙区	22858	26526	29974	澄江县	18790	21706	24658
官渡区	23511	27202	30820	通海县	18235	21339	24262
西山区	22600	26102	29443	华宁县	18066	20839	23674
东川市	16744	19270	21852	易门县	17246	19902	22608
呈贡区	22017	25086	28297	峨山县	18446	21356	24239
晋宁县	20300	23355	26228	新平县	18219	21262	24132
富民县	19675	22607	25433	元江县	17930	20843	23656
宜良县	20750	23474	26643				
石林县	20815	24109	27002	保山市	16229	18907	21555
嵩明县	19872	22899	25945	隆阳区	16521	19184	21851
禄劝县	17000	19525	22083	施甸县	14155	16283	18921
寻甸县	17630	20282	23020	腾冲县	16097	19072	22238
安宁市	23000	26450	29360	龙陵县	15001	17281	19890
				昌宁县	14700	16905	19559
曲靖市	18408	21623	24262				
麒麟区	19398	22211	25810	昭通市	14073	16394	18724
马龙县	15593	18383	20828	昭阳区	14572	16538	19151
陆良县	15056	17766	20129	鲁甸县	13527	15674	18025
师宗县	14793	17456	20284	巧家县	13866	16235	18816
罗平县	15330	17783	20611	盐津县	15887	18798	21824
富源县	16294	19227	22246	大关县	11975	14098	16410
会泽县	15221	17742	20405	永善县	13008	15452	18002
沾益县	15888	18658	21364	绥江县	14385	16772	19305
宣威市	17047	19828	22981	镇雄县	12297	14313	16489

1-21 续表 1

单位：元/人

地 区	2011	2012	2013	地 区	2011	2012	2013
彝良县	13789	16059	18115	永德县	14388	16659	19041
威信县	13929	16382	18905	镇康县	14256	16508	18677
水富县	16474	19456	22550	双江县	13364	15444	18001
				耿马县	14445	16695	19049
丽江市	15812	18621	21229	沧源县	13565	15765	18016
古城区	17508	21003	24469				
玉龙县	12690	15224	17660	楚雄州	17777	20292	22934
永胜县	13080	15507	17647	楚雄市	18529	20970	24137
华坪县	17060	19554	22252	双柏县	15963	18261	21183
宁蒗县	11109	12676	14704	牟定县	16984	19060	21728
				南华县	16452	18927	22012
普洱市	14877	17267	19170	姚安县	17067	18911	21521
思茅区	15188	17418	20004	大姚县	17357	19467	22465
宁洱县	16597	18863	20964	永仁县	16380	18700	21636
墨江县	13744	16203	18592	元谋县	18406	20260	23117
景东县	14089	16858	18663	武定县	16886	19392	22456
景谷县	15428	18000	20449	禄丰县	18216	20510	23176
镇沅县	13629	15823	18323				
江城县	13505	15679	18094	红河州	16789	19712	22294
孟连县	10809	12549	14644	个旧市	16926	20003	22903
澜沧县	13545	15635	18027	开远市	16981	19932	22782
西盟县	11215	13021	14974	蒙自市	17388	20504	23334
				屏边县	13827	16268	18692
临沧市	14159	16398	18563	建水县	15380	18439	21315
临翔区	14669	16966	19182	石屏县	14180	16790	19544
凤庆县	14174	16409	18566	弥勒市	17410	20662	23679
云 县	14814	17119	19828	泸西县	15059	17976	20816

1-21 续表 2

单位：元/人

地 区	2011	2012	2013
元阳县	13947	16499	18759
红河县	13760	16481	19069
金平县	13946	16359	18584
绿春县	13688	16304	18619
河口县	16264	19060	21824
文山州	16688	18884	21080
文山市	17837	20002	23042
砚山县	16453	18954	21702
西畴县	14872	17106	19415
麻栗坡县	14588	16587	19075
马关县	16548	18534	20943
丘北县	15738	17658	20077
广南县	15517	17501	19776
富宁县	15430	17513	19877
西双版纳州	15667	17909	20094
景洪市	16160	18372	21152
勐海县	14452	16807	19198
勐腊县	12266	14022	15908
大理州	17515	20138	22690
大理市	17713	20391	23531
漾濞县	15033	17543	19760
祥云县	17431	20185	22809
宾川县	17159	20334	22896
弥渡县	15407	18149	20617
南涧县	16957	19009	21575
巍山县	16280	18283	20751
永平县	15777	18033	20468
云龙县	15246	17167	19828
洱源县	15814	18345	20938
剑川县	15504	17483	19756
鹤庆县	17057	20094	22626
德宏州	15255	17662	19659
瑞丽市	16654	18823	21595
芒 市	16100	18069	20110
梁河县	13629	15310	16856
盈江县	15924	17883	19850
陇川县	13315	15008	16539
怒江州	12117	14221	15999
泸水县	12117	14120	16044
福贡县	11535	13036	15502
贡山县	11058	14152	15359
兰坪县	12885	15146	17013
迪庆州	19513	21535	23902
香格里拉县	20069	21896	24849
德钦县	19123	21473	24585
维西县	16781	18296	20676

1-22 2005-2013年各州市县农民人均纯收入

单位：元/人

地 区	2005	2007	2008	2009	2010	2011	2012	2013
全 省	2042	2634	3103	3369	4026	4722	5417	6141
昆明市	3258	4004	4610	5080	5810	6985	8040	9273
五华区	4254	5266	5991	6638	7578	8822	10255	12040
盘龙区	4269	5249	5936	6495	7404	8660	10347	12158
官渡区	4950	5965	6836	7718	8921	10598	11946	14025
西山区	4978	5938	6672	7312	8245	9696	11651	13702
东川市	1388	1814	2341	2695	3196	3760	4313	5137
呈贡区	4569	5459	6225	6805	7648	9146	10618	12445
晋宁县	3229	3820	4334	5062	6075	7522	9061	10728
富民县	3091	3927	4370	4931	5644	6858	8361	9891
宜良县	3308	3999	4600	5241	5890	7087	8537	10090
石林县	3089	3708	4216	4790	5704	7011	8465	10031
嵩明县	3006	3664	4164	4686	5333	6502	7841	9260
禄劝县	1632	2041	2346	2707	3205	3808	4585	5438
寻甸县	1890	2460	2795	3058	3497	4130	4739	5630
安宁市	3759	4669	5563	6170	6913	8104	9355	10974
曲靖市	2078	2666	3166	3666	4130	5035	5950	6861
麒麟区	3207	3847	4540	5017	5569	6747	8116	9658
马龙县	1780	2260	2750	3152	3665	4467	5372	6189
陆良县	2805	3426	3937	4557	5056	5960	7057	8130
师宗县	1864	2326	2857	3266	3784	4676	5502	6558
罗平县	2168	2925	3513	4042	4413	5450	6683	7966
富源县	2106	2685	3287	3809	4267	5210	5964	6978
会泽县	1415	1753	2113	2370	2643	3252	3986	4723
沾益县	2660	3269	3917	4310	4813	5715	6750	7830
宣威市	2004	2541	3118	3404	3735	4697	5553	6608

1-22 续表 1

单位：元/人

地 区	2005	2007	2008	2009	2010	2011	2012	2013
玉溪市	3314	4008	4761	5119	5747	6616	7628	8925
红塔区	4431	5216	6006	6373	7011	7916	9070	10629
江川县	3258	3946	4670	5020	5637	6374	7258	8499
澄江县	3497	4221	5009	5601	6374	7005	7972	9327
通海县	3854	4621	5401	5762	6547	7436	9039	10594
华宁县	3056	3725	4453	4768	5566	6668	7607	8908
易门县	2834	3505	4267	4630	5193	6003	6903	8084
峨山县	2928	3542	4248	4532	5231	6089	7013	8212
新平县	2688	3288	4005	4335	4797	5667	6666	7806
元江县	2591	3188	4006	4299	5074	5900	6813	7971
保山市	1879	2365	2717	3120	3627	4439	5331	6275
隆阳区	2121	2714	3069	3528	4090	4850	5638	6630
施甸县	1717	2086	2389	2686	3116	3922	4523	5401
腾冲县	2035	2592	3002	3482	4048	5018	6122	7420
龙陵县	1750	2174	2504	2895	3376	4044	4741	5685
昌宁县	1853	2348	2714	3143	3653	4563	5341	6383
昭通市	1300	1704	2116	2445	2769	3294	3897	4604
昭阳区	1499	2016	2495	2927	3226	3786	4500	5333
鲁甸县	1286	1688	1990	2336	2572	3046	3649	4273
巧家县	1222	1711	2143	2465	2745	3164	3801	4531
盐津县	1248	1660	2060	2395	2730	3290	3971	4757
大关县	1155	1559	1962	2258	2600	3002	3577	4246
永善县	1227	1610	2016	2362	2723	3183	3837	4585
绥江县	1361	1765	2224	2579	2911	3416	3970	4736
镇雄县	1207	1568	1852	2153	2482	3040	3737	4496

1-22 续表 2

单位：元/人

地　区	2005	2007	2008	2009	2010	2011	2012	2013
彝良县	1260	1629	2001	2310	2650	3192	3749	4439
威信县	1334	1725	2123	2446	2814	3331	3973	4756
水富县	1920	2352	2656	3003	3318	3886	4779	5744
丽江市	1459	1922	2374	2845	3410	4270	5094	6037
古城区	2463	3220	3885	4434	5220	7012	8400	10080
玉龙县	1570	2036	2507	2997	3586	4413	5290	6263
永胜县	1427	1849	2315	2804	3317	4054	4861	5858
华坪县	1705	2326	2842	3352	4095	5134	6136	7363
宁蒗县	895	1261	1614	1938	2388	2962	3526	4175
普洱市	1553	2155	2536	2954	3456	4338	5020	5873
思茅区	1922	2588	3050	3472	3983	4802	5648	6561
宁洱县	1803	2420	2539	2920	3362	4195	5013	5928
墨江县	1084	1469	1888	2216	2658	3249	3921	4593
景东县	1503	2102	2556	3063	3491	4171	5022	5976
景谷县	1746	2366	2862	3342	3903	4762	5538	6468
镇沅县	1334	1774	2262	2677	3138	3993	4611	5506
江城县	1028	1324	1818	2258	2624	3325	4014	4777
孟连县	1265	1588	1980	2300	2675	3355	3955	4726
澜沧县	912	1202	1421	1737	2102	2618	3089	3652
西盟县	806	1080	1326	1578	1949	2550	3148	3806
临沧市	1346	2001	2363	2730	3279	4284	5158	6066
临翔区	1532	2068	2402	2770	3329	4347	5052	5932
凤庆县	1326	2077	2501	2926	3506	4526	5315	6318
云　县	1565	2296	2758	3122	3759	4795	5574	6711

1-22 续表 3

单位：元/人

地　区	2005	2007	2008	2009	2010	2011	2012	2013
永德县	1281	1899	2282	2647	3131	4150	4982	5999
镇康县	1158	1705	1993	2314	2782	3790	4637	5511
双江县	1011	1574	2009	2369	2928	3934	4744	5759
耿马县	1525	2238	2586	2964	3559	4591	5474	6558
沧源县	1159	1678	1998	2328	2768	3780	4636	5442
楚雄州	2223	2737	3110	3511	3896	4627	5418	6357
楚雄市	2484	3068	3528	4029	4434	5145	6060	7108
双柏县	1847	2190	2479	2805	3083	3814	4645	5565
牟定县	2014	2379	2674	3016	3356	3986	4799	5672
南华县	2081	2603	2956	3207	3602	4228	4994	5943
姚安县	2125	2606	2959	3344	3722	4376	5221	6177
大姚县	2160	2594	2908	3267	3491	4117	4957	5928
永仁县	1802	2303	2575	2935	3240	3915	4685	5566
元谋县	2838	3556	4019	4333	4783	5602	6526	7733
武定县	1791	2141	2356	2858	3223	3856	4606	5527
禄丰县	2530	3161	3597	4071	4584	5293	6230	7283
红河州	1991	2528	3023	3446	3922	4650	5468	6368
个旧市	3264	4096	4676	5335	6080	6781	7945	9288
开远市	2951	3710	4241	4839	5498	6438	7607	8900
蒙自市	2029	2602	3163	3612	4139	4876	5777	6863
屏边县	1256	1425	1667	1860	2112	2472	2971	3565
建水县	2215	2767	3196	3645	4169	4836	5716	6717
石屏县	2147	2550	3009	3315	3762	4251	5027	6027
弥勒县	2112	2690	3160	3606	4106	4785	5688	6672
泸西县	1885	2259	2621	2988	3448	4060	4830	5763

1-22 续表 4

单位：元/人

地 区	2005	2007	2008	2009	2010	2011	2012	2013
元阳县	1397	1750	1925	2156	2448	2867	3419	4045
红河县	1344	1588	1748	1923	2183	2554	3102	3707
金平县	988	1205	1502	1809	2128	2556	3112	3644
绿春县	1070	1406	1618	1866	2119	2505	3035	3581
河口县	1760	2235	2698	2998	3436	4019	4758	5610
文山州	1365	1704	2027	2379	2806	3864	4643	5460
文山市	1610	2063	2476	2954	3547	4691	5410	6465
砚山县	1484	1862	2149	2510	2900	3860	4720	5687
西畴县	1171	1435	1750	2063	2415	3523	4252	5124
麻栗坡县	1320	1610	1879	2205	2630	3680	4471	5330
马关县	1442	1796	2102	2588	3005	4055	4716	5636
丘北县	1314	1647	1896	2208	2636	3732	4567	5466
广南县	1200	1515	1921	2202	2626	3655	4428	5251
富宁县	1388	1695	2023	2337	2739	3793	4644	5582
西双版纳州	2172	2727	3213	3750	4354	5327	6174	7107
景洪市	2468	3103	3611	4218	5036	6397	7574	8907
勐海县	1916	2578	2977	3346	3848	4560	5546	6513
勐腊县	2021	2501	2915	3236	3663	4415	5064	5891
大理州	2251	2677	3078	3483	3902	4733	5689	6677
大理市	3457	4010	4416	4872	5407	6430	7709	9058
漾濞县	1581	2031	2383	2810	3232	4238	5066	5972
祥云县	2077	2554	2909	3359	3801	4857	5733	6713
宾川县	2307	2759	3038	3501	3915	4918	5942	7100

1-22 续表 5

单位：元/人

地 区	2005	2007	2008	2009	2010	2011	2012	2013
弥渡县	1839	2147	2398	2595	2935	3755	4508	5229
南涧县	1533	1837	2046	2228	2518	3539	4291	5063
巍山县	1538	1750	1960	2166	2532	3398	4158	4928
永平县	1438	1726	2065	2467	3060	4138	4977	5823
云龙县	1341	1512	1767	2102	2378	3189	3887	4630
洱源县	1896	2394	2684	3039	3428	4266	5054	5969
剑川县	1296	1592	1795	2069	2396	3199	3895	4612
鹤庆县	1525	1902	2350	2986	3408	4365	5198	6030
德宏州	1504	2046	2439	2831	3368	4096	4763	5608
瑞丽市	2130	2957	3372	3766	4218	4824	5586	6622
芒 市	1654	2296	2734	3106	3603	4197	4877	5801
梁河县	1096	1277	1586	2016	2461	3108	3683	4355
盈江县	1516	2218	2669	3122	3716	4712	5641	6562
陇川县	1275	1580	1853	2186	2740	3433	4186	4946
怒江州	1034	1232	1448	1709	2005	2362	2773	3251
泸水县	1282	1485	1745	1972	2214	2645	3095	3593
福贡县	750	927	1075	1248	1460	1832	2229	2590
贡山县	754	894	1037	1257	1502	1886	2209	2635
兰坪县	1332	1572	1877	1903	2201	2556	3016	3590
迪庆州	1425	2287	2595	2936	3347	4105	4769	5571
香格里拉县	1558	2396	2696	3026	3398	4078	4867	5621
德钦县	1424	2273	2616	2944	3372	4222	5136	5911
维西县	1285	2186	2468	2835	3269	3995	4627	5400

主要统计指标解释

住户 指居住在一个住宅内，共同分享生活开支或收入的一群人。居住在同一房间内、不共同分享生活开支的人群，每个人都视为一个住户。住家保姆、住家家庭帮工视为单独的住户。 根据居住的状态，可将住户分为家庭居住户和集体居住户。

可支配收入 指调查户在调查期内获得的、可用于最终消费支出和储蓄的总和，即调查户可以用来自由支配的收入。可支配收入既包括现金，也包括实物收入。按照收入的来源，可支配收入包含五项，分别为：工资性收入、经营净收入、财产净收入、转移净收入和自有住房折算净租金。

计算公式为：可支配收入=工资性收入+经营净收入+财产净收入+转移净收入+自有住房折算净租金

其中：经营净收入=经营收入-经营费用-生产性固定资产折旧－生产税净额（生产税-生产补贴）

财产净收入=财产性收入-财产性支出转移净收入=转移性收入-转移性支出

现金可支配收入 指调查户在调查期内获得的、可以用来自由支配、以现金形式表现的收入。按照收入的来源，现金可支配收入包含四项，分别为：现金工资性收入、现金经营净收入、现金财产净收入和现金转移净收入。

城镇居民人均可支配收入（老口径） 指城镇家庭总收入扣除交纳的个人所得税和个人交纳的各项社会保障支出之后，按照城镇居民家庭人口平均的收入水平。其中家庭总收入是指该家庭中生活在一起的所有家庭人员从各种渠道得到的所有收入之和。

农村居民人均纯收入（老口径） 指农村住户当年从各个来源得到的家庭总收入扣除有关费用性支出后，最终归农村居民所有的收入总和，按照农村住户人口平均的纯收入水平。

消费支出 指住户用于满足家庭日常生活消费需要的全部支出，包括用于消费品的支出和用于服务性消费的支出。根据用途不同，消费支出可划分为食品烟酒、衣着、居住、生活用品及服务、交通通信、教育文化娱乐、医疗保健、其他用品及服务八大类。根据来源不同，消费支出可划分为现金消费支出、实物消费支出（含自产自用、来自单位、来自政府和其他社会组织）。

二 价格调查

简要说明

一、本篇资料的主要内容

本篇价格指数资料，反映生产、流通、消费与投资等环节的价格变动趋势和变动幅度。主要包括居民消费价格指数、商品零售价格指数、农业生产资料价格指数、农产品生产价格指数、工业生产者出厂价格指数、工业生产者购进价格指数、固定资产投资价格指数等。

二、本篇的资料来源

价格指数编制由国家统计局组织实施，国家统计局各调查总队及抽中市、县调查队依据国家统计局统一制定的价格统计调查制度从基层采集原始数据汇总后上报。

三、居民消费、商品零售价格调查

编制居民消费、商品零售价格指数的资料采用抽样调查和重点调查相结合的方法取得，即在全国选择不同经济区域和分布合理的地区，以及有代表性的商品作为样本，对其市场价格进行定期调查。编制过程按下列几个步骤进行:

1. 选择调查地区和调查点。调查地区按照经济区域和地区分布合理等原则，选出具有代表性的大、中、小城市和县作为国家的调查地区，在此基础上选定经营规模大、商品种类多的商场(包括集市和服务网点)作为调查点。

2. 选择代表规格品。代表规格品是选择消费量大、价格变动有代表性的商品；代表规格品的确定是根据商品零售资料和全国城镇、农村住户调查户的消费支出记账资料，按照有关规定筛选的。筛选原则: (1)与社会生产和人民生活关系密切; (2)消费(销售)数量(金额)大; (3)市场供应稳定; (4)价格变动趋势有代表性; (5)所选的代表规格品之间差异大。

目前,居民消费价格调查按用途划分为8大类，262个基本分类，各城市每月调查600种以上的规格品价格；商品零售价格按用途划分为16个大类，229个基本分类，各地每月调查500种以上的规格品价格。

3. 居民消费价格调查方式。主要方法是定人、定点、定时应用手持电子采价器直接调查。

4. 权数的确定。商品零售价格指数的权数主要根据社会商品零售额资料确定;居民消费价格指数的权数主要根据城乡居民家庭消费支出构成确定。

四、工业生产者出厂价格调查

工业生产者出厂价格是工业品第一次出售时的出厂价格。该项调查采用重点调查与典型调查相结合的调查方法。重点调查对象为年主营业务收入2000万元及以上的工业法人企业;典型调查对象为年主营业务收入2000万元以下的工业法人企业。

1. 选择代表企业的原则: (1)按工业行业选择调查企业，各中类行业原则上都要有调查企业; (2)大型企业应尽量都选上(或占相当大比重); (3)选择生产正常、稳定的企业作为调查对象。

2. 选择代表产品的原则: (1)按工业行业选择代表产品; (2)选择对国计民生影响大的产品; (3)选择生产较为稳定的产品; (4)选择有发展前景的产品; (5)选择具有地方特色的产品。

目前《工业生产者出厂价格调查目录》包括11000多种产品，并将其划分为1702个基本分类;《工业生产者购进价格调查目录》包括6000多种产品，并划分为900多个基本分类。

3. 价格调查方式。采用企业报表形式，每月近6万家工业企业上报数据资料。

4.权数的确定。工业生产者出厂价格统计中，工业小类及小类以上的权数资料来源于工业统计中分行业工业销售产值数据资料；基本分类的权数资料来源于独立的工业企业产品权数调查。权数一般五年更换一次。

五、固定资产投资价格调查

固定资产投资价格调查采用重点调查与典型调查相结合的方法。固定资产投资价格调查所涉及的价格是构成固定资产投资额实体的实际购进价格或结算价格。调查的内容包括构成当年建筑工程实体的钢材、木材、水泥、地方材料(如砖、瓦、灰、沙、石等)、化工材料(如油漆等)等主要建筑材料价格；作为活劳动投入的劳动力价格（单位工资）和建筑机械使用费用；设备工器具购置和其他费用投资价格。

固定资产投资价格调查样本的选择遵循以下原则：

1. 选择建筑安装工程调查点的原则：(1)样本单位应具有一定覆盖面；(2)投资经济活动代表性强；(3)兼顾不同登记注册类型；(4)选择重点工程；(5)兼顾国民经济各门类及不同工程类别。

2. 选择其他费用调查点的原则：在选择其他费用调查点时，所遵循的原则与建筑安装工程调查点的原则基本相同，特别是要注意选择那些投资额大的工程。但由于其他费用不易取得，所以在实际操作过程中，应同时在建设单位、施工单位开展重点调查，并辅以典型调查(从管理部门取得资料)。

3. 价格调查方式。采用企业报表和调查员走访相结合的方式。

4. 权数的确定。固定资产投资价格指数的计算权数是建筑安装工程、设备工器具购置和其他费用三者前三年的平均比重。

六、农产品生产者价格调查

农产品生产价格是农产品生产者直接出售其产品时实际获得的单位产品价格。农产品生产价格调查采用抽样调查和重点调查相结合的方法。内容包括被调查单位生产并出售的主要农产品。农产品代表产品的选择涵盖农、林、牧、渔四大类、各中类以及 90%以上的小类，一般是生产量和销售量大的对国计民生影响大、稳定性强的产品，具有发展前景的新产品和具有地方特色的产品。代表品一般稳定五年。调查周期为季度，汇总方法采取加权算术平均法。

2-1 1978-2013年各种价格总指数

(上年价格=100)

年 份	居民消费价格指数	城市居民消费价格指数	农村居民消费价格指数	商品零售价格指数	城市商品零售价格指数	农村商品零售价格指数	农业生产资料价格指数	工业生产者出厂价格指数	工业生产者购进价格指数	固定资产投资价格指数
1978	100.2	100.0	100.3	100.1	100.0	100.2	100.0			
1979	101.1	100.8	101.2	100.7	100.8	100.5	98.3			
1980	104.7	108.1	103.7	105.7	108.6	103.3	99.0			
1981	101.2	100.8	101.3	101.2	100.8	101.4	102.0			
1982	101.8	101.7	101.8	101.9	101.8	101.9	102.4			
1983	101.0	100.6	101.1	101.0	100.5	101.5	102.8			
1984	101.9	102.6	101.4	102.7	102.4	103.0	106.0			
1985	108.2	111.9	105.7	108.0	112.7	104.9	103.8			
1986	106.1	104.8	106.4	105.0	104.6	105.3	102.4			
1987	107.0	107.4	106.6	106.6	107.3	106.1	105.5			
1988	119.8	121.1	118.8	119.6	122.5	118.0	113.9			
1989	118.6	117.9	119.0	119.3	118.5	119.6	120.4			
1990	102.8	101.6	103.4	102.1	100.2	102.9	103.5			
1991	103.1	103.8	102.7	103.7	103.1	103.9	109.4	106.3	108.2	112.1
1992	108.9	110.4	108.8	107.7	109.0	107.4	105.2	103.8	111.9	117.6
1993	121.3	118.8	123.3	118.9	116.3	120.2	121.4	125.0	138.1	135.4
1994	119.2	117.3	119.9	115.8	113.8	117.4	114.6	116.7	110.3	107.8
1995	121.3	120.3	121.8	118.1	116.3	120.1	125.5	110.2	113.2	104.0
1996	108.7	108.2	108.8	106.6	105.0	108.4	113.3	101.3	111.3	104.3
1997	104.3	104.6	103.9	102.3	101.6	103.2	102.4	100.7	103.1	105.4
1998	101.7	102.4	101.1	99.2	98.8	99.6	96.5	96.9	100.7	101.8
1999	99.7	98.8	100.7	98.3	97.4	99.3	98.7	98.2	98.8	100.7
2000	97.9	97.6	98.4	97.6	97.0	98.4	98.9	101.2	101.5	101.6
2001	99.1	98.1	100.6	98.4	98.0	98.7	96.6	99.9	99.4	101.0
2002	99.8	99.3	100.5	98.1	97.5	98.9	100.4	98.2	97.6	100.0
2003	101.2	101.3	101.0	99.9	100.5	99.3	101.9	101.4	102.7	102.2
2004	106.0	106.1	105.9	104.7	104.5	105.0	106.3	108.8	109.6	108.0
2005	101.4	101.7	101.0	100.1	100.4	99.8	105.9	104.5	106.5	104.6
2006	101.9	101.9	101.8	100.8	100.0	101.7	102.8	104.6	107.6	101.8
2007	105.9	105.9	105.9	104.4	103.8	105.1	107.0	105.7	108.2	104.2
2008	105.7	105.4	106.0	106.1	105.3	107.0	116.6	105.8	111.6	107.4
2009	100.4	100.5	100.2	100.1	99.9	100.4	99.3	91.5	95.0	98.1
2010	103.7	103.8	103.6	103.6	103.5	103.7	101.4	108.8	109.0	102.7
2011	104.9	104.8	104.9	105.1	104.9	105.3	108.3	104.7	108.0	104.6
2012	102.7	103.0	102.3	102.4	102.3	102.5	104.6	97.9	99.3	101.4
2013	103.1	103.4	102.7	102.6	102.3	103.0	100.1	97.5	98.8	101.1

2-2 1979-2013年各种价格定基指数

(1978年价格=100)

年 份	居民消费价格指数	城市居民消费价格指数	农村居民消费价格指数	商品零售价格指数	城市商品零售价格指数	农村商品零售价格指数	农业生产资料价格指数
1979	101.1	100.8	101.2	100.7	100.8	100.5	98.3
1980	105.9	109.0	104.9	106.4	109.5	103.9	97.5
1981	107.1	109.8	106.3	107.7	110.4	105.4	99.4
1982	109.1	111.7	108.2	109.8	112.4	107.4	101.7
1983	110.1	112.4	109.4	110.9	113.0	109.0	104.6
1984	112.2	115.3	110.9	113.9	115.7	112.3	110.7
1985	121.4	129.0	117.3	123.0	130.4	117.8	115.1
1986	128.8	135.2	124.8	129.2	136.4	124.0	117.8
1987	137.9	145.2	133.0	137.7	146.4	131.6	124.3
1988	165.2	175.9	158.0	164.7	179.3	155.3	141.6
1989	195.9	207.3	188.0	196.5	212.5	185.7	170.5
1990	201.4	210.6	194.4	200.6	212.9	191.1	176.5
1991	207.6	218.7	199.7	208.0	219.5	198.6	193.0
1992	226.1	241.4	217.3	224.1	239.2	213.3	203.1
1993	274.2	286.8	267.9	266.4	278.2	256.4	246.5
1994	326.9	336.4	321.2	308.5	316.6	301.0	282.5
1995	396.5	404.7	391.2	364.3	368.3	361.5	354.6
1996	431.0	438.3	425.6	388.2	386.7	391.8	401.7
1997	449.6	458.0	442.2	397.3	392.9	404.4	411.4
1998	457.2	469.0	447.1	394.1	388.1	402.7	397.0
1999	455.8	463.4	450.2	387.4	378.1	399.9	391.8
2000	446.3	452.2	443.0	378.1	366.7	393.5	387.5
2001	444.5	443.7	445.7	372.1	359.4	388.4	374.3
2002	443.6	440.5	447.9	365.0	350.4	384.1	375.8
2003	448.9	446.3	452.4	364.6	352.1	381.4	383.0
2004	475.9	473.5	479.1	381.8	368.0	400.5	407.1
2005	482.5	481.5	483.9	382.2	369.5	399.7	431.1
2006	491.7	490.7	492.6	385.2	369.5	406.5	443.2
2007	520.7	519.6	521.6	402.2	383.5	427.2	474.2
2008	550.4	547.7	552.9	426.7	403.8	457.1	552.9
2009	552.6	550.4	554.0	427.1	403.4	458.9	549.0
2010	573.0	571.3	573.9	442.5	417.5	475.9	556.7
2011	601.1	598.7	602.0	465.1	438.0	501.1	602.9
2012	616.4	616.7	615.8	476.3	448.1	513.6	630.6
2013	635.5	637.7	632.4	488.7	458.4	529.0	631.2

2-3 1979-1988年居民消费价格指数和商品零售价格分类指数

(上年价格=100)

项 目	1979	1980	1981	1982	1983	1984	1985	1986	1987	1988
居民消费价格指数	**101.1**	**104.7**	**101.2**	**101.8**	**101.0**	**101.9**	**108.2**	**106.1**	**107.0**	**119.8**
商品零售价格指数	**100.7**	**105.7**	**101.2**	**101.9**	**101.0**	**102.7**	**108.0**	**105.0**	**106.6**	**119.6**
消费品价格指数	101.3	104.5	100.7	101.3	100.0	101.7	108.7	106.0	106.7	120.7
食品	102.2	107.0	101.0	103.5	100.0	102.3	114.1	108.3	109.7	124.5
粮食	101.5	100.6	100.0	100.0	99.9	99.3	110.1	113.5	111.7	118.2
副食品	103.0	113.7	100.6	100.6	100.3	103.4	121.8	107.2	110.4	129.8
鲜菜	100.7	93.1	101.5	102.8	103.2	98.9	152.6	98.5	116.7	137.2
肉禽蛋	106.3	128.6	100.4	100.4	99.7	102.9	133.5	107.8	110.1	131.1
烟酒茶	100.3	100.7	103.0	116.3	99.2	99.1	98.4	103.0	104.7	116.7
其他食品	103.8	102.7	100.7	100.2	101.4	102.6	114.1	106.9	110.0	120.4
衣着	99.6	99.8	99.8	99.6	100.9	100.8	100.5	101.0	101.3	114.1
日用品	100.0	100.2	100.0	97.0	98.6	101.7	100.9	103.7	104.9	114.2
文化娱乐用品	100.6	100.1	100.3	99.8	97.8	99.8	101.1	101.5	100.9	112.6
书报杂志	100.0	100.0	100.0	100.0	100.0	111.1	138.7	112.9	100.0	112.0
药及医疗用品	101.0	101.2	99.1	100.1	102.5	106.0	103.9	103.4	104.2	119.0
建筑材料	100.0	100.9	107.0	103.0	100.0	100.0	100.0	100.0	100.0	119.4
燃料	100.0	100.1	100.0	100.2	100.0	100.1	107.0	109.7	107.8	122.9
农业生产资料价格指数	98.3	99.0	102.0	102.4	102.8	106.0	103.8	102.4	105.5	113.9
小农具	99.7	100.0	108.4	107.9	101.3	102.8	111.4	109.6	108.8	121.4
半机械化农具	95.7	102.2	100.1	101.5	102.8	104.0	107.2	108.2	110.6	108.9
机械化农具	98.3	97.3	99.9	100.0	101.8	105.2	114.3	101.0	106.9	110.9
化学肥料	98.9	98.0	100.5	101.2	100.5	109.3	100.1	99.6	104.6	111.4
农药及农药械	98.3	100.0	102.5	100.8	100.3	99.5	99.6	99.6	105.6	138.4
农机用油	97.7	100.0	100.0	106.1	136.5	111.1	103.2	100.8	102.0	109.8
其他	85.9	95.2	104.3	106.8	100.4	103.3	106.1	106.9	104.3	127.2
服务项目价格指数	99.9	100.0	100.4	100.1	100.6	102.9	106.5	108.5	109.1	109.3

2-4 1989-1993年居民消费价格指数和商品零售价格分类指数

(上年价格=100)

项　目	1989	1990	1991	1992	1993
居民消费价格指数	**118.6**	**102.8**	**103.1**	**108.9**	**121.3**
商品零售价格指数	**119.3**	**102.1**	**103.7**	**107.7**	**118.9**
消费品价格指数	119.0	101.9	102.8	108.2	118.2
食品	118.7	101.3	102.7	109.5	120.3
粮食	121.0	96.7	109.2	127.2	138.4
副食品	117.1	102.7	101.1	108.2	120.1
鲜菜	119.7	97.3	101.9	110.3	113.1
肉禽蛋	113.7	98.9	94.2	108.2	125.4
烟酒茶	115.8	100.1	100.0	104.9	110.8
其他食品	125.8	104.1	104.6	102.7	113.0
衣着	116.0	107.9	105.8	102.4	105.9
日用品	116.9	103.1	101.8	101.9	113.0
文化娱乐用品	116.7	99.6	95.8	96.6	100.7
书报杂志	204.5	106.3	103.7	106.4	104.5
药及医疗用品	121.4	101.5	102.7	110.3	108.4
建筑材料	119.1	95.4	101.7	123.8	145.0
燃料	120.3	110.0	111.3	118.6	147.8
农业生产资料价格指数	120.4	103.5	109.4	105.2	121.4
小农具	106.2	103.5	110.8	107.0	129.7
半机械化农具	107.1	102.7	108.6	108.0	132.3
机械化农具	117.1	102.7	105.5	102.2	122.3
化学肥料	127.8	101.7	112.3	105.2	122.3
农药及农药械	142.0	111.1	102.0	99.7	94.7
化学农药	151.6	113.6	102.4	99.5	92.0
农药械	112.3	101.1	100.4	101.0	112.7
农机用油	99.5	119.2	105.3	115.9	209.6
其他	114.0	100.9	101.0	106.9	110.7
服务项目价格指数	113.8	111.6	105.6	115.3	148.0
房租	104.2	101.3	108.2	117.7	120.7
水电费	102.3	102.5	107.5	106.4	108.6
交通费	123.2	135.8	103.5	109.4	150.0
邮电费	100.0	148.3	143.3	100.4	138.6
医疗保健费	103.9	100.9	108.0	138.9	193.3
学杂保育费	119.0	109.5	99.0	120.4	157.4
文娱费	114.7	124.4	147.4	115.3	146.2
修理及其他服务费	116.7	105.2	103.2	107.2	129.4

2-5 1994-2000年居民消费价格指数和商品零售价格分类指数

(上年价格=100)

项　目	1994	1995	1996	1997	1998	1999	2000
居民消费价格指数	**119.2**	**121.3**	**108.7**	**104.3**	**101.7**	**99.7**	**97.9**
商品零售价格指数	**115.8**	**118.1**	**106.6**	**102.3**	**99.2**	**98.3**	**97.6**
食品	127.2	135.4	108.3	102.5	99.1	98.6	94.3
粮食	146.4	138.9	106.0	92.4	95.1	97.5	90.8
油脂	150.5	135.8	91.1	99.3	99.9	96.1	86.8
肉禽蛋	117.7	140.4	105.4	101.2	98.8	94.6	91.1
鲜菜	130.2	148.8	126.3	113.9	96.6	105.6	97.8
鲜果	125.5	116.4	101.3	97.7	107.8	98.0	93.9
其他食品	125.5	123.2	108.1	104.4	99.3	98.7	100.5
饮料、烟酒类	116.1	105.6	109.1	101.2	100.6	96.1	95.3
服装、鞋帽类	109.2	112.5	107.5	105.1	103.4	100.3	102.0
纺织品类	120.6	119.2	108.3	102.5	101.1	97.3	96.3
中、西药品类	112.3	114.4	110.0	104.8	104.5	102.4	99.9
化妆品类	113.3	111.4	105.2	100.2	98.9	95.3	103.2
书报杂志类	129.5	125.5	135.6	115.2	107.1	109.3	109.1
文化体育用品类	104.7	109.8	108.7	102.3	100.5	100.2	98.0
日用品类	113.0	108.1	104.3	102.3	98.7	98.9	97.5
家用电器类	106.5	102.2	97.8	96.4	91.7	91.5	95.5
首饰类	109.8	103.3	99.3	96.6	90.5	96.6	104.6
燃料类	95.2	102.9	105.1	107.5	94.4	101.7	123.1
建筑装璜材料类	100.3	96.7	102.7	102.6	99.8	96.8	96.0
机电新产品类	99.2	95.0	95.1	98.1	94.2	96.2	94.3
农业生产资料价格指数	114.6	125.5	113.3	102.4	96.5	98.7	98.9
小农具	128.3	114.5	108.8	106.4	105.5	100.6	103.6
半机械化农具	120.0	103.6	101.9	99.7	99.0	101.1	101.0
机械化农具	112.9	110.4	101.5	100.1	93.9	97.4	98.1
化学肥料	115.0	134.0	117.8	100.2	91.4	97.2	97.3
农药及农药械	103.0	112.2	110.0	101.7	99.4	99.0	97.9
服务项目价格指数	119.9	120.3	111.2	114.9	113.4	108.4	103.8
电讯费	105.1	104.3	102.2	120.5	100.0	100.3	100.1
邮费	103.6	100.7	109.1	211.3	100.1	136.7	108.4
交通费	107.2	105.8	113.3	105.4	107.7	103.9	103.4
洗理美容费	121.7	123.8	128.4	114.4	108.8	111.8	106.5
文娱费	139.2	125.5	116.4	131.3	113.8	116.1	101.9
学杂保育费	128.7	132.9	112.0	117.1	138.4	111.6	104.5
修理及其他服务费	122.6	114.0	113.5	109.7	102.2	105.0	106.5
医疗保健费	106.6	106.4	101.2	101.9	101.6	102.6	102.1

2-6 2001-2002年商品零售价格分类指数

(上年价格=100)

项　　目	2001	2002
商品零售价格指数	**98.4**	**98.1**
食品	98.6	99.1
粮食	102.3	96.7
油脂	87.8	100.9
肉禽蛋	94.8	100.3
水产品	94.5	98.2
鲜菜	103.0	95.6
干菜	98.2	100.7
鲜果	102.9	101.8
干果	95.6	106.0
其他食品	101.4	98.0
饮料、烟酒类	99.5	99.2
饮料	99.9	97.9
烟酒	99.4	99.6
服装、鞋帽类	99.1	99.2
服装	100.1	99.3
纺织品类	99.4	98.8
中、西药品类	97.5	94.6
化妆品类	100.1	94.1
书报杂志类	113.1	99.0
文化体育用品类	99.3	101.1
日用品类	99.8	98.8
家用电器类	93.5	94.5
首饰类	92.2	94.8
燃料类	98.0	97.1
建筑装璜材料类	97.8	99.9
机电产品类	93.7	95.6

2-7 2003-2007年商品零售价格分类指数

(上年价格=100)

项　　目	2003	2004	2005	2006	2007
商品零售价格指数	**99.9**	**104.7**	**100.1**	**100.8**	**104.4**
食品类	101.9	115.2	100.7	102.0	114.4
粮食	100.7	126.9	103.3	101.4	105.9
油脂类	108.2	119.0	97.4	97.6	130.7
肉禽及其制品	100.3	123.2	99.1	98.5	130.6
鲜蛋	94.6	117.5	103.6	96.3	112.4
水产品	98.9	108.5	113.1	96.3	105.0
鲜菜	105.9	121.9	90.4	103.5	115.4
干菜及菜制品	98.0	109.6	98.3	102.3	124.6
鲜果	98.9	106.9	98.1	121.6	97.1
干(坚)果	119.2	122.0	111.8	107.3	111.2
其他食品	97.8	101.4	100.2	101.8	106.0
饮料、烟酒类	98.8	100.5	103.0	101.5	103.2
茶及饮料	96.5	99.8	101.7	101.9	104.7
烟草	100.1	101.6	103.2	102.1	103.1
酒	99.7	99.7	105.0	99.8	101.5
服装、鞋帽类	96.6	97.7	97.8	96.7	97.3
服装	96.2	98.4	97.4	96.9	96.4
纺织品类	96.5	98.7	99.3	96.9	98.7
家用电器及音响器材类	95.7	95.2	94.7	96.1	95.5
文化办公用品类	97.2	95.7	90.9	97.1	93.3
日用品类	100.4	98.7	99.8	101.6	102.4
体育娱乐用品类	98.0	99.3	94.8	98.5	97.2
交通、通信用品类	93.7	90.9	93.0	92.3	92.1
家具类	99.9	100.5	98.7	100.2	101.0
化妆品类	100.2	98.9	98.6	99.5	99.2
金银珠宝类	108.4	111.9	105.2	123.5	108.9
中西药品及医疗保健用品类	98.0	99.6	97.4	98.7	105.5
书报杂志及电子出版物类	98.4	100.6	99.7	99.9	98.1
燃料类	108.3	111.5	112.5	111.8	103.9
建筑材料及五金电料类	99.9	104.2	103.5	105.4	103.0

2-8 2008-2013年商品零售价格分类指数

(上年价格=100)

项　　目	2008	2009	2010	2011	2012	2013
商品零售价格指数	**106.1**	**100.1**	**103.6**	**105.1**	**102.4**	**102.6**
食品类	116.0	101.5	108.6	111.7	106.0	105.3
粮食	109.3	103.9	113.2	111.7	103.6	102.4
油脂类	125.9	82.0	102.7	113.6	102.9	100.3
肉禽及其制品	127.5	90.5	102.3	124.6	103.9	103.6
蛋	101.0	100.5	108.4	110.0	100.5	106.0
水产品	115.2	99.5	106.8	108.1	105.1	103.1
菜	105.5	120.8	123.4	100.5	115.4	107.1
干鲜瓜果	111.4	112.7	115.3	109.7	102.8	107.8
其他食品	110.8	102.2	102.4	105.1	104.0	103.6
饮料、烟酒类	103.7	100.9	101.6	101.8	101.9	102.4
茶及饮料	104.4	101.0	103.0	104.1	104.5	107.3
烟草	102.0	100.3	100.6	100.3	100.1	100.3
酒	106.1	101.7	101.7	102.5	103.0	101.5
服装、鞋帽类	92.3	98.6	96.5	100.4	98.3	101.0
服装	91.2	98.8	96.2	99.7	100.6	102.7
纺织品类	98.6	100.5	100.3	110.0	103.5	102.0
家用电器及音响器材类	94.8	94.4	95.4	94.4	97.0	99.5
文化办公用品类	95.2	98.6	99.5	98.4	97.9	100.3
日用品类	102.5	102.2	100.4	101.8	103.1	101.1
体育娱乐用品类	98.3	98.7	99.8	101.3	100.2	100.8
交通、通信用品类	92.8	95.1	96.1	94.9	96.3	98.0
家具类	99.5	99.6	99.4	102.3	100.9	100.5
化妆品类	102.1	98.7	99.6	99.4	102.1	100.7
金银珠宝类	124.5	94.2	117.1	116.8	101.6	90.5
中西药品及医疗保健用品类	105.7	102.5	104.5	103.8	101.6	104.8
书报杂志及电子出版物类	100.0	105.4	106.7	102.3	100.9	99.4
燃料类	113.0	100.7	109.3	112.8	104.7	103.9
建筑材料及五金电料类	107.6	99.4	102.8	104.0	101.1	101.3

2-9　商品零售价格分类指数(2013年)

(上年价格=100)

项　　目	全省	城市	农村
商品零售价格指数	**102.6**	**102.3**	**103.0**
食品类	105.3	105.9	104.4
粮食	102.4	102.8	102.0
油脂类	100.3	100.8	99.4
肉禽及其制品	103.6	103.4	104.0
蛋	106.0	105.3	107.3
水产品	103.1	103.7	101.0
菜	107.1	105.8	109.1
调味品	105.5	106.5	104.2
糖	100.9	100.8	101.0
干鲜瓜果	107.8	108.2	107.3
其他食品	103.6	104.1	102.6
饮料、烟酒类	102.4	102.9	101.7
茶及饮料	107.3	108.6	104.8
烟草	100.3	100.2	100.4
酒	101.5	101.3	101.6
服装、鞋帽类	101.0	100.4	101.7
服装	102.7	103.0	102.1
纺织品类	102.0	102.7	100.9
家用电器及音响器材类	99.5	98.1	102.2
文化办公用品类	100.3	99.5	102.0
日用品类	101.1	100.0	102.6
体育娱乐用品类	100.8	98.7	104.2
交通、通信用品类	98.0	97.4	99.4
家具类	100.5	100.1	101.3
化妆品类	100.7	100.4	101.2
金银珠宝类	90.5	91.4	89.0
中西药品及医疗保健用品类	104.8	102.6	108.4
书报杂志及电子出版物类	99.4	97.9	101.9
燃料类	103.9	105.0	102.3
建筑材料及五金电料类	101.3	101.3	101.3

2-10 2001-2013年居民消费价格分类指数

(上年价格=100)

项 目	2001	2002	2003	2004	2005	2006	2007
居民消费价格总指数	**99.1**	**99.8**	**101.2**	**106.0**	**101.4**	**101.9**	**105.9**
食品	98.3	100.5	101.7	114.8	100.8	102.4	114.1
粮食	103.6	97.5	100.5	126.6	103.6	101.5	105.7
淀粉	96.8	94.3	100.8	99.7	109.9	98.7	97.3
干豆类及豆制品	94.9	102.1	107.9	115.4	104.4	104.4	109.6
油脂	94.3	98.1	107.9	119.4	97.9	97.3	131.2
肉禽及其制品	94.6	103.2	100.3	123.3	98.6	98.5	132.0
蛋	102.3	100.6	95.6	116.2	104.9	97.4	112.9
水产品	97.8	101.7	99.6	111.0	113.7	96.3	103.7
菜	95.7	98.8	106.0	119.9	92.9	103.4	117.3
#鲜菜	95.5	98.6	106.5	120.9	92.4	103.3	116.5
调味品	102.0	101.8	102.5	101.3	101.1	101.4	109.7
糖	106.8	98.0	98.4	103.2	106.4	115.8	101.1
茶及饮料	100.7	98.3	96.3	98.9	101.4	101.6	105.3
茶	101.0	99.8	93.5	97.5	100.1	105.2	115.0
饮料	100.5	97.1	97.8	99.4	102.0	99.4	98.9
干鲜瓜果	101.7	100.2	103.0	109.7	101.6	121.5	98.4
#鲜果	102.2	99.1	100.0	105.7	101.1	124.5	96.7
糕点饼干	99.2	98.3	97.6	103.6	103.8	103.4	108.2
液体乳及乳制品	99.8	99.6	99.6	104.3	104.2	100.5	101.6
在外用膳食品	98.7	100.3	103.7	105.7	100.6	102.0	111.7
其他食品	97.5	96.3	95.0	102.6	102.2	102.5	108.0
烟酒	98.9	99.7	99.9	101.4	103.7	101.6	102.9
烟草	98.3	99.9	99.9	101.7	103.5	102.0	103.3
酒	100.4	99.0	100.4	100.6	105.6	100.6	101.6
衣着	96.3	98.1	97.2	97.8	98.0	97.0	97.8
服装	95.1	97.9	97.0	98.0	97.5	97.1	97.0
衣着材料	98.4	99.6	96.1	97.4	100.0	100.1	100.6
鞋袜帽	98.9	98.2	97.5	96.5	98.7	95.7	99.2
衣着加工服务费	99.9	99.1	100.8	98.4	99.3	100.2	100.1
家庭设备用品及维修服务	98.5	96.5	98.4	99.7	100.4	100.2	101.7
耐用消费品	95.5	94.2	97.9	98.5	97.7	100.6	101.1
家具	98.2	92.7	100.1	100.9	99.5	100.1	101.9
家庭设备	92.4	96.4	96.4	96.7	96.4	101.1	100.4
室内装饰品	105.0	101.2	100.6	101.8	102.4	100.0	100.2
床上用品	102.2	100.5	98.5	100.0	98.8	94.6	96.9
家庭日用杂品	99.6	98.7	99.0	99.7	99.1	100.5	103.1
家庭服务及加工维修服务费	100.8	92.6	96.8	102.9	118.2	105.6	109.2

2-10 续表 1

(上年价格=100)

项　　目	2008	2009	2010	2011	2012	2013
居民消费价格总指数	**105.7**	**100.4**	**103.7**	**104.9**	**102.7**	**103.1**
食品	115.4	101.6	108.4	111.5	106.2	105.5
粮食	109.8	104.1	114.1	111.9	103.5	102.2
淀粉	104.3	103.3	102.7	104.8	103.9	103.5
干豆类及豆制品	132.1	102.9	105.1	104.0	102.4	108.1
油脂	126.7	80.5	102.7	113.0	102.9	100.4
肉禽及其制品	127.1	90.4	102.2	124.8	103.1	103.5
蛋	102.3	100.7	106.7	110.6	100.1	106.6
水产品	114.6	99.5	107.3	109.3	104.9	102.6
菜	103.6	119.4	123.0	100.7	117.8	107.3
#鲜菜	103.0	122.4	121.8	100.5	121.1	107.3
调味品	110.8	100.7	99.7	102.0	101.8	104.5
糖	105.1	101.0	111.2	111.4	104.8	101.4
茶及饮料	104.2	101.0	102.9	103.2	103.9	106.2
茶	102.8	98.7	106.6	103.5	105.6	109.3
饮料	105.0	102.6	100.4	103.0	105.4	104.5
干鲜瓜果	110.1	111.1	116.7	109.7	103.5	107.9
#鲜果	107.6	112.0	117.7	109.5	103.7	109.1
糕点饼干	113.4	104.1	102.7	106.4	103.5	104.4
液体乳及乳制品	110.9	102.7	105.1	105.1	105.0	103.6
在外用膳食品	115.3	102.3	102.7	109.1	108.8	109.3
其他食品	113.1	103.1	102.7	103.8	102.9	102.8
烟酒	102.4	100.1	101.0	100.8	100.6	100.7
烟草	102.0	99.7	100.9	100.3	100.0	100.3
酒	105.0	101.9	102.0	102.7	103.1	102.4
衣着	92.5	98.1	96.8	100.5	98.7	101.0
服装	91.0	98.0	96.3	99.8	100.3	102.3
衣着材料	101.2	100.5	101.8	105.4	101.4	100.7
鞋袜帽	94.5	97.6	96.7	101.6	94.0	97.3
衣着加工服务费	97.0	107.0	103.5	105.0	107.0	106.3
家庭设备用品及维修服务	100.3	100.3	99.6	101.4	101.4	101.7
耐用消费品	99.5	98.2	98.4	98.4	99.4	101.1
家具	99.9	99.4	99.3	100.3	100.7	101.3
家庭设备	99.1	97.3	97.6	97.1	98.6	101.0
室内装饰品	97.1	99.4	99.2	99.2	98.7	98.7
床上用品	96.4	100.5	98.4	104.8	101.5	101.4
家庭日用杂品	100.9	101.2	99.7	101.0	102.4	101.4
家庭服务及加工维修服务费	110.6	107.9	107.2	119.4	109.1	107.8

2-10 续表 2

(上年价格=100)

项　　目	2001	2002	2003	2004	2005	2006	2007
医疗保健和个人用品	106.2	102.2	99.3	99.9	102.2	105.3	105.9
医疗保健	109.5	103.4	98.6	98.8	102.7	106.8	106.7
医疗器具及用品	92.5	96.0	101.2	115.2	94.7	95.4	96.9
中药材及中成药	95.0	91.8	101.2	99.6	100.5	102.5	121.9
西药	92.7	94.6	95.7	96.3	95.5	98.6	100.5
保健器具及用品	95.0	101.7	100.4	101.0	99.6	98.8	100.7
医疗保健服务	160.9	113.8	100.7	102.0	126.5	136.5	101.5
个人用品及服务	99.3	99.2	101.1	102.1	100.4	101.0	103.5
化妆美容用品	102.8	103.3	103.2	98.3	100.5	100.8	100.3
清洁化妆用品	99.7	93.9	95.4	98.8	98.2	98.7	100.9
个人饰品	99.0	100.2	102.3	103.3	102.8	104.4	102.2
个人服务	98.2	99.4	102.3	101.5	99.5	100.3	110.1
交通和通信	92.5	97.8	98.6	98.5	98.3	100.2	98.6
交通	96.6	99.0	100.9	100.7	101.0	104.6	100.4
交通工具	93.2	97.2	97.8	95.4	95.8	96.6	95.7
车用燃料及零配件	93.5	99.6	109.8	108.8	112.5	111.9	102.6
车辆使用及维修费	96.8	100.1	96.5	102.3	105.7	102.0	102.2
市区公共交通费	99.7	97.7	98.7	101.6	100.8	111.7	104.0
城市间交通费	101.9	101.7	106.2	106.7	102.7	107.5	102.2
通信	87.2	96.8	97.1	97.5	95.9	96.1	96.7
通信工具	81.8	89.1	89.7	86.0	83.0	83.3	84.5
通信服务	101.8	98.9	99.2	99.9	98.7	99.7	99.9
娱乐教育文化用品及服务	98.6	99.9	106.4	102.2	102.3	99.2	100.0
文娱用耐用消费品及服务	90.0	93.7	95.8	92.8	88.7	92.0	89.1
教育	102.7	105.1	115.2	108.0	114.0	99.4	100.5
教材及参考书	113.1	95.3	100.9	100.5	101.3	99.8	97.6
教育服务	102.1	105.6	115.9	108.9	115.5	99.2	101.2
文化娱乐类	101.0	102.3	98.2	100.7	99.5	101.0	101.9
文化娱乐用品	98.6	98.8	96.7	98.4	99.9	100.2	100.3
书报杂志	101.1	101.3	100.3	102.1	100.3	100.6	99.7
文娱费	105.6	109.6	98.4	102.6	98.5	102.1	105.3
旅游	96.5	87.9	102.9	99.4	96.2	106.9	111.9
居住	101.6	99.5	101.9	107.7	105.9	107.1	104.2
建房及装修材料	99.1	97.5	101.0	107.6	105.3	107.1	102.8
租房	143.1	100.8	101.1	110.7	103.6	105.6	109.1
自有住房	99.4	98.7	98.0	100.1	103.4	101.7	105.6
水、电、燃料	100.3	102.9	105.3	106.2	107.5	109.3	103.7

2-10 续表 3

(上年价格=100)

项　　目	2008	2009	2010	2011	2012	2013
医疗保健和个人用品	104.9	101.5	104.0	103.3	101.6	102.5
医疗保健	105.2	102.5	104.8	103.5	101.1	102.9
医疗器具及用品	100.9	100.5	103.4	99.8	103.7	100.7
中药材及中成药	110.9	106.2	114.1	110.4	104.8	107.6
西药	104.4	101.5	101.2	101.8	98.9	101.2
保健器具及用品	102.5	101.9	100.7	100.4	100.5	102.8
医疗保健服务	98.9	99.9	100.4	100.2	100.3	100.3
个人用品及服务	104.1	98.4	101.9	102.7	103.1	101.4
化妆美容用品	101.5	100.5	99.9	100.1	101.6	100.3
清洁化妆用品	99.4	100.3	100.2	100.1	102.1	101.1
个人饰品	106.8	95.9	106.2	106.5	101.0	95.6
个人服务	108.1	97.0	102.4	105.1	107.0	106.4
交通和通信	99.2	97.4	100.0	100.0	100.2	100.2
交通	102.0	98.6	102.7	102.0	101.5	101.0
交通工具	96.1	97.7	98.6	96.2	98.9	100.2
车用燃料及零配件	112.2	90.8	111.7	111.7	102.4	99.1
车辆使用及维修费	101.1	101.8	102.9	102.6	105.2	107.7
市区公共交通费	103.3	100.6	101.2	104.1	103.6	100.6
城市间交通费	103.6	103.4	103.3	104.7	103.5	101.3
通信	96.3	96.2	97.1	97.5	98.5	99.0
通信工具	83.3	84.6	86.8	85.4	89.3	92.9
通信服务	99.8	99.2	99.7	100.2	100.3	100.0
娱乐教育文化用品及服务	98.5	98.8	101.0	99.7	101.2	101.2
文娱用耐用消费品及服务	90.2	91.8	95.5	93.9	95.5	97.4
教育	100.3	102.4	105.2	102.3	102.1	100.6
教材及参考书	99.5	107.1	116.0	104.2	100.9	97.5
教育服务	100.6	101.0	102.0	102.0	102.3	101.1
文化娱乐类	103.5	102.5	101.6	101.0	100.4	100.3
文化娱乐用品	100.0	101.3	99.7	98.5	98.3	99.5
书报杂志	102.8	105.2	100.0	101.1	100.8	100.4
文娱费	107.7	101.5	105.3	104.0	102.4	101.1
旅游	98.0	94.9	98.5	99.0	106.2	107.1
居住	104.8	101.9	104.6	104.4	102.2	103.6
建房及装修材料	106.7	101.9	102.4	102.9	101.0	102.5
租房	105.6	101.3	103.5	107.4	104.1	104.9
自有住房	103.0	93.6	107.6	105.0	102.5	103.5
水、电、燃料	104.0	104.9	105.2	104.1	101.2	104.4

2-11 居民消费价格分类指数(2013年)

(上年价格=100)

项　　目	全省	城市	农村
居民消费价格总指数	**103.1**	**103.4**	**102.7**
食品	105.5	106.2	104.3
粮食	102.2	102.5	101.9
淀粉及制品	103.5	102.2	106.5
干豆类及豆制品	108.1	108.7	106.7
油脂	100.4	100.7	100.1
肉禽及其制品	103.5	103.5	103.3
蛋	106.6	106.2	107.3
水产品	102.6	102.9	101.6
菜	107.3	106.2	109.7
#鲜菜	107.3	105.8	111.1
调味品	104.5	105.2	103.8
糖	101.4	102.3	100.5
茶及饮料	106.2	107.5	104.0
茶	109.3	110.1	107.9
饮料	104.5	106.1	101.7
干鲜瓜果	107.9	108.3	107.2
#鲜果	109.1	109.4	108.5
糕点饼干	104.4	104.5	104.1
液体乳及乳制品	103.6	104.0	101.4
在外用膳食品	109.3	110.8	105.2
其他食品	102.8	103.5	102.2
烟酒及用品	100.7	100.8	100.7
烟草	100.3	100.3	100.4
酒	102.4	102.9	101.9
衣着	101.0	100.6	101.8
服装	102.3	102.4	102.2
衣着材料	100.7	100.8	100.7
鞋袜帽	97.3	94.9	101.1
衣着加工服务费	106.3	109.1	102.9
家庭设备用品及维修服务	101.7	101.1	102.7
耐用消费品	101.1	99.9	102.9
家具	101.3	99.8	103.1
家庭设备	101.0	99.9	102.8
室内装饰品	98.7	98.0	101.7
床上用品	101.4	101.8	100.5
家庭日用杂品	101.4	100.4	102.5
家庭服务及加工维修服务费	107.8	107.7	108.1

2-11 续表

(上年价格=100)

项目	全省	城市	农村
医疗保健和个人用品	102.5	101.7	104.0
医疗保健	102.9	101.9	104.7
医疗器具及用品	100.7	101.1	100.2
中药材及中成药	107.6	104.5	114.2
西药	101.2	100.3	102.7
保健器具及用品	102.8	103.6	100.7
医疗保健服务	100.3	100.6	100.0
个人用品及服务	101.4	101.2	101.7
化妆美容用品	100.3	100.0	101.3
清洁化妆用品	101.1	100.8	101.4
个人饰品	95.6	95.0	97.5
个人服务	106.4	106.7	105.5
交通和通信	100.2	99.9	100.6
交通	101.0	100.8	101.4
交通工具	100.2	99.4	101.8
车用燃料及零配件	99.1	99.1	99.1
车辆使用及维修费	107.7	109.1	105.2
市区公共交通费	100.6	100.6	100.6
城市间交通费	101.3	100.6	102.7
通信	99.0	98.7	99.5
通信工具	92.9	89.1	96.9
通信服务	100.0	100.0	100.1
娱乐教育文化用品及服务	101.2	101.8	99.9
文娱用耐用消费品及服务	97.4	97.7	96.7
教育	100.6	100.7	100.4
教材及参考书	97.5	96.0	100.1
教育服务	101.1	101.6	100.4
文化娱乐类	100.3	100.2	100.5
文化娱乐用品	99.5	99.5	99.5
书报杂志	100.4	100.5	100.1
文娱费	101.1	100.7	102.4
旅游	107.1	108.4	101.2
居住	103.6	104.2	102.6
建房及装修材料	102.5	102.2	102.9
租房	104.9	105.9	100.6
自有住房	103.5	103.8	103.0
水、电、燃料	104.4	106.1	101.9

2-12 1991-2001年工业品出厂价格分类指数

(上年价格=100)

类 别	1991	1992	1993	1994	1995	1996
全部工业品	**106.3**	**103.8**	**125.0**	**116.7**	**110.2**	**101.3**
其中：轻工业	104.0	98.9	119.6	122.0	105.3	100.9
重工业	108.2	113.0	133.7	109.0	117.1	101.9
其中：生产资料	108.2	112.8	133.3	109.2	117.5	102.4
采掘	104.7	113.2	119.5	112.4	123.1	98.2
原料	113.5	113.2	138.7	108.7	115.6	100.6
加工	99.9	111.2	128.3	108.2	118.8	108.2
生活资料	103.9	98.8	119.4	122.2	104.6	100.5
食品	102.8	98.9	120.8	121.2	102.7	100.1
衣着	120.9	97.8	104.9	147.4	125.7	98.4
一般日用品	105.7	100.6	118.7	115.6	112.9	111.3
耐用消费品	109.1	95.2	105.2	109.6	104.5	100.6
按部门分						
冶金工业	107.4	112.6	136.8	107.8	117.7	94.3
电力工业	123.7	103.7	134.1	119.6	105.3	127.2
炼焦工业	103.6	116.3	141.0	110.4	113.4	99.1
石油工业						
化学工业	102.7	112.7	115.3	108.3	130.2	111.9
机械工业	101.1	104.4	124.4	109.8	106.1	102.0
建筑材料工业	106.9	126.2	167.8	103.3	99.8	100.7
森林工业	103.1	97.9	136.7	123.8	103.4	91.6
食品工业	102.8	98.9	120.8	121.1	102.7	100.1
纺织工业	104.1	97.3	105.1	151.8	125.6	93.8
缝纫工业	122.1	108.2	112.2	106.3	117.0	120.2
皮革工业	111.0	93.8	111.8	135.6	127.1	138.6
造纸工业	105.2	97.5	107.1	111.0	133.5	118.8
文教艺术用品工业		100.0	119.7	102.7	138.9	109.6
其他工业	100.0	107.7	123.8	110.1	109.2	117.8
按行业分						
煤炭开采和洗选业	103.6	114.0	138.1	110.7	113.4	99.0
石油和天然气开采业						
黑色金属矿采选业						
有色金属矿采选业	109.4	111.3	116.8	109.6	132.3	93.8

2-12 续表 1

(上年价格=100)

类　　别	1991	1992	1993	1994	1995	1996
建筑材料及其它非金属矿采选业	102.8	124.0	106.1	102.3	132.4	124.9
采盐业						
木材及竹材采运业	100.0	125.0	122.9	134.6	107.6	86.6
自来水生产与供应业	113.9	100.0	131.8	108.3	104.4	169.8
食品制造业	99.2	92.8	122.7	146.5	129.4	100.2
饮料制造业	99.9	100.9	107.8	100.8	99.1	102.4
烟草加工业	104.1	100.0	120.6	115.7	97.3	100.0
饲料工业		111.6	135.2	113.8	124.2	110.6
纺织业	109.6	97.2	105.3	152.6	125.5	94.8
缝纫业	106.0	108.2	112.2	106.3	117.0	120.2
皮革、毛皮及其制品业	112.3	93.8	111.8	135.6	127.1	138.6
木材加工制造业	105.0	97.9	153.7	100.5	94.6	99.6
家俱制造业				130.7	105.8	101.8
造纸及纸制品业	105.2	97.5	107.1	111.0	133.5	118.8
文教体育用品制造业			119.7	102.7	138.9	109.6
电力生产和供应业	123.7	103.7	134.1	119.6	105.3	127.2
石油加工业						
炼焦、煤气及煤制品业				105.4	106.0	
化学工业	102.6	111.7	118.0	108.4	132.1	111.8
医药工业	95.5	108.1	109.3	116.3	106.5	103.7
化工纤维工业	104.1	100.9	98.0	130.6	131.6	78.3
橡胶制品工业	99.3	101.9	99.5	105.8	121.5	106.7
塑料制品业	113.4	112.5	102.1	103.5	136.1	118.4
建筑材料制品业	106.9	126.2	167.8	103.3	99.8	100.7
黑色金属冶炼	122.1	115.3	181.1	100.0	97.6	100.3
有色金属冶炼及压延加工业	104.3	111.4	117.6	112.6	124.8	89.7
金属制品业	110.6	93.1	148.2	114.8	112.3	99.2
机械工业	103.3	114.6	137.6	113.1	105.1	102.8
交通运输设备制造业	100.1	107.7	119.9	112.3	104.1	104.1
电力机械及器材制造业	98.9	105.2	122.7	110.0	110.0	100.7
电力及通讯设备制造业	102.0	95.1	94.2	96.0	100.5	101.6
仪器仪表及其它计量器具制造业	99.4	102.2	114.1	103.1	108.4	104.0
工艺美术品制造业						

2-12 续表 2

(上年价格=100)

类 别	1997	1998	1999	2000	2001
全部工业品	**100.7**	**96.9**	**98.2**	**101.2**	**99.9**
其中：轻工业	100.0	99.1	98.5	100.5	101.3
重工业	101.6	94.4	97.8	101.8	98.6
其中：生产资料	101.0	94.9	97.7	101.5	98.5
采掘	100.5	95.2	100.1	107.5	98.8
原料	102.8	95.2	97.2	102.2	99.3
加工	97.9	94.1	97.4	98.7	97.5
生活资料	100.4	98.9	98.9	100.8	101.9
食品	100.3	99.1	99.3	101.4	102.4
衣着	99.4	95.7	90.8	97.6	97.3
一般日用品	102.5	98.5	99.4	98.6	98.8
耐用消费品	98.7	93.3	95.8	96.2	97.8
按部门分					
冶金工业	97.7	89.9	95.4	104.6	97.4
电力工业	117.2	102.3	99.5	102.7	102.4
炼焦工业	128.0	102.3	105.7	98.8	100.5
石油工业			118.0	145.1	100.8
化学工业	95.5	91.4	98.0	97.7	97.3
机械工业	100.0	96.9	96.6	98.5	98.2
建筑材料工业	101.6	100.3	99.9	98.6	98.5
森林工业	109.1	101.5	99.2	101.8	100.1
食品工业	100.3	99.0	99.2	101.2	102.3
纺织工业	99.6	91.2	91.0	106.6	99.8
缝纫工业			92.3	95.1	97.9
皮革工业	96.0	107.9	98.4	98.8	98.5
造纸工业	94.9	96.7	97.7	99.0	97.6
文教艺术用品工业	99.7	99.4	100.8	99.1	99.3
其他工业	100.1	107.3	99.7	105.2	105.0
按行业分					
煤炭开采和洗选业	123.3	103.8	108.4	98.7	100.5
石油和天然气开采业			121.7	145.0	100.8
黑色金属矿采选业	114.2	94.3	89.7	98.3	109.6
有色金属矿采选业	85.8	86.9	92.4	110.1	94.1

2-12 续表 3

(上年价格=100)

类别	1997	1998	1999	2000	2001
建筑材料及其它非金属矿采选业	96.4	113.2	113.3	93.0	96.3
采盐业					
木材及竹材采运业	137.2	104.2	103.2	104.5	108.2
自来水生产与供应业	105.6	102.2	116.1	121.8	106.3
食品制造业	99.9	89.9	88.4	102.4	111.4
饮料制造业	104.4	100.7	97.3	97.0	99.8
烟草加工业	100.2	100.4	101.3	101.3	100.7
饲料工业	93.3	109.9	86.3	97.7	97.8
纺织业	100.2	93.7	88.9	106.0	99.8
缝纫业	87.7		92.3	103.7	97.9
皮革、毛皮及其制品业	96.0	107.9	98.4	98.9	98.0
木材加工制造业	103.0	93.7	94.3	100.8	96.7
家俱制造业	105.0	103.8	102.7	99.6	97.9
造纸及纸制品业	94.9	96.7	97.0	98.4	97.6
文教体育用品制造业	99.7	99.4	101.3	98.9	100.0
电力生产和供应业	117.2	102.3	99.5	102.6	102.2
石油加工业			95.2	119.7	100.9
炼焦、煤气及煤制品业	126.8	98.8	96.7	100.1	104.7
化学工业	94.3	89.4	98.4	96.8	96.9
医药工业	102.0	101.0	101.9	95.9	98.4
化工纤维工业	91.0	85.1	100.3	101.1	100.6
橡胶制品工业	98.8	93.3	90.9	95.9	97.6
塑料制品业	95.4	87.7	95.0	109.9	98.0
建筑材料制品业	101.6	100.3	99.9	98.6	98.5
黑色金属冶炼	98.4	94.6	92.0	99.4	101.7
有色金属冶炼及压延加工业	100.8	87.4	99.1	107.2	94.0
金属制品业	97.7	93.7	93.8	97.2	98.6
机械工业	101.6	100.7	98.7	98.3	98.8
交通运输设备制造业	105.9	99.0	96.9	98.3	94.8
电力机械及器材制造业	97.9	92.4	91.8	98.7	98.8
电力及通讯设备制造业	93.5	92.0	104.4	102.2	98.9
仪器仪表及其它计量器具制造业	95.1	94.8	92.4	99.3	96.8
工艺美术品制造业			102.3	99.1	99.2

2-13　2002-2011年工业品出厂价格分类指数

(上年价格=100)

类　　别	2002	2003	2004	2005	2006
全部工业品	**98.2**	**101.4**	**108.8**	**104.5**	**104.6**
其中：轻工业	98.2	98.6	101.5	101.2	102.5
重工业	98.2	105.5	117.4	107.4	106.1
其中:生产资料	98.3	104.1	115.2	106.8	105.9
采掘	98.6	104.8	127.4	120.9	111.6
原料	97.4	106.4	118.5	106.6	109.4
加工	99.5	101.4	109.4	104.8	99.9
生活资料	98.0	98.6	100.7	100.6	102.0
食品	98.1	98.6	101.0	100.8	102.2
衣着	101.1	100.2	100.7	101.3	103.7
一般日用品	95.7	98.4	96.9	98.5	99.9
耐用消费品	96.2	102.2	102.9	102.8	99.9
按部门分					
冶金工业	96.2	109.2	131.5	107.8	109.7
电力工业	99.7	103.1	102.8	105.0	102.2
煤炭及炼焦工业	101.6	104.5	120.5	118.2	110.2
石油工业	86.2	102.3	102.0	100.1	105.7
化学工业	100.2	102.8	111.0	107.2	99.8
机械工业	97.6	99.2	102.8	102.6	101.9
建筑材料工业	97.4	97.8	107.4	104.7	110.7
森林工业	95.4	100.7	104.2	99.6	104.3
食品工业	98.2	98.6	101.3	100.8	102.1
纺织行业	91.5	100.0	104.9	99.7	105.5
缝纫工业	102.7	100.9	101.7	99.7	101.5
皮革工业	99.9	100.2	101.1	102.6	96.5
造纸工业	98.4	97.0	100.3	101.4	100.3
文教艺术用品工业	100.0	98.3	94.9	97.3	99.8
其他工业	106.9	102.4	102.1	101.4	108.3
按行业分					
煤炭开采和洗选业	101.6	104.9	117.3	122.6	115.1
石油和天然气开采业	89.8	102.1	101.8	100.2	121.8
黑色金属矿采选业	102.1	105.3	130.0	116.8	96.5
有色金属矿采选业	96.4	105.5	142.7	122.8	117.2

2-13 续表 1

(上年价格=100)

类　　别	2002	2003	2004	2005	2006
非金属矿采选业	101.1	100.7	101.0	106.5	102.9
其他采矿业					
农副食品加工业	89.4	90.8	111.6	106.3	114.9
食品制造业	99.1	99.8	104.8	103.1	100.5
饮料制造业	97.7	98.0	104.1	106.1	103.1
烟草制品业	99.7	99.7	100.1	99.9	99.9
纺织业	92.5	100.3	105.2	99.8	105.2
纺织服装、鞋、帽制造业	103.4	100.2	99.3	97.6	101.9
皮革、毛皮、羽毛(绒)及其制品业	100.0	100.0	101.1	102.6	96.5
木材加工及木、竹、藤、棕、草制品业	94.3	100.5	104.2	99.6	104.5
家具制造业	95.3	103.6	103.8	105.1	99.4
造纸及纸制品业	97.2	97.0	100.3	101.4	100.3
印刷业和记录媒介的复制	99.4	98.3	94.9	97.3	99.8
文教体育用品制造业	98.9	98.8	100.9	100.1	99.7
石油加工、炼焦及核燃料加工业	95.2	120.0	130.6	115.5	99.4
化学原料及化学制品制造业	102.0	104.3	114.8	108.0	99.2
医药制造业	95.1	98.5	98.7	100.6	100.3
化学纤维制造业	98.8	98.5	100.0	101.6	100.9
橡胶制品业	98.5	99.7	100.0	102.5	106.2
塑料制品业	91.8	100.7	113.6	114.0	102.0
非金属矿物制品业	97.4	97.9	107.3	104.5	110.6
黑色金属冶炼及压延加工业	98.2	108.1	121.7	103.1	93.2
有色金属冶炼及压延加工业	94.3	110.8	138.2	108.6	123.8
金属制品业	98.8	99.9	106.8	102.3	99.6
通用设备制造业	97.7	99.9	103.9	101.3	99.8
专用设备制造业	98.5	100.1	101.1	99.7	99.0
交通运输设备制造业	98.8	99.4	100.7	102.4	98.9
电气机械及器材制造业	96.3	99.9	110.8	109.3	115.2
通信设备、计算机及其他电子设备制造业	92.8	94.0	98.4	96.9	96.9
仪器仪表及文化、办公用机械制造业	95.8	99.1	100.9	99.8	100.0
工艺品及其他制造业	101.0	97.5	102.3	108.2	101.1
废弃资源和废旧材料回收加工业				100.0	100.0
电力、热力的生产和供应业	99.7	103.1	102.8	105.0	102.2
燃气生产和供应业	100.0	100.1	100.2	100.0	101.9
水的生产和供应业	107.8	104.3	102.1	101.5	109.8

2-13 续表 2

(上年价格=100)

类　　别	2007	2008	2009	2010	2011
全部工业品	**105.7**	**105.8**	**91.5**	**108.8**	**104.7**
其中：轻工业	100.1	101.9	99.7	102.4	101.5
重工业	109.9	108.1	87.6	112.0	105.9
其中:生产资料	108.6	107.8	88.9	111.2	105.8
采掘	112.9	108.3	87.5	115.5	110.4
原料	112.1	103.5	87.7	115.5	105.3
加工	102.8	114.3	91.1	102.9	105.6
生活资料	100.1	101.0	99.5	102.0	101.6
食品	100.3	101.0	99.5	102.1	101.4
衣着	99.6	103.6	101.0	101.8	106.8
一般日用品	98.2	101.0	99.1	99.3	103.2
耐用消费品	104.0	102.8	97.7	103.3	100.7
按部门分					
冶金工业	115.7	106.6	81.3	119.5	108.6
电力工业	103.5	101.4	101.0	102.9	98.5
煤炭及炼焦工业	113.5	122.7	93.1	112.6	113.0
石油工业	120.7	100.0	97.8	101.7	104.5
化学工业	101.1	114.9	90.6	102.7	107.6
机械工业	101.7	103.6	96.2	100.7	101.6
建筑材料工业	98.5	104.4	104.9	105.2	99.7
森林工业	102.6	102.9	96.8	94.3	106.5
食品工业	100.2	101.4	99.2	101.8	101.3
纺织行业	96.8	98.9	97.9	112.4	108.3
缝纫工业	98.9	102.9	100.4	102.4	106.8
皮革工业	103.9	112.4	103.8	100.0	
造纸工业	101.3	103.2	94.8	102.4	102.8
文教艺术用品工业	96.5	100.1	98.2	98.4	101.1
其他工业	102.3	104.3	99.5	113.8	107.2
按行业分					
煤炭开采和洗选业	113.8	118.6	99.7	110.7	111.6
石油和天然气开采业	129.7	100.0	100.0	105.8	101.1
黑色金属矿采选业	110.1	141.3	88.1	111.2	110.8
有色金属矿采选业	117.6	92.4	75.4	129.1	108.4

2-13 续表 3

(上年价格=100)

类　别	2007	2008	2009	2010	2011
非金属矿采选业	99.9	107.7	99.2	98.4	106.3
其他采矿业					
农副食品加工业	97.1	106.8	98.4	112.0	105.6
食品制造业	103.8	111.8	100.5	104.6	107.0
饮料制造业	105.3	93.4	93.7	101.5	101.9
烟草制品业	100.5	100.2	99.7	99.5	100.1
纺织业	97.1	99.2	98.0	111.9	108.4
纺织服装、鞋、帽制造业	97.1	102.8	100.3	101.8	105.9
皮革、毛皮、羽毛(绒)及其制品业	103.9	112.4	103.1	99.6	96.5
木材加工及木、竹、藤、棕、草制品业	102.3	102.8	96.8	94.2	106.5
家具制造业	108.7	105.4	102.4	100.2	100.1
造纸及纸制品业	101.3	103.2	94.8	102.4	102.8
印刷业和记录媒介的复制	96.5	100.1	98.2	97.8	101.6
文教体育用品制造业	100.1	100.0	100.6	103.7	100.0
石油加工、炼焦及核燃料加工业	114.8	129.6	85.8	114.5	116.1
化学原料及化学制品制造业	101.1	118.5	87.5	102.6	109.3
医药制造业	101.1	101.9	102.4	104.9	102.2
化学纤维制造业	101.8	103.1	106.6	101.4	104.6
橡胶制品业	101.5	104.2	99.7	100.3	105.5
塑料制品业	101.8	105.2	92.0	103.8	104.5
非金属矿物制品业	98.6	104.8	104.0	105.4	99.8
黑色金属冶炼及压延加工业	110.5	127.4	79.5	108.9	109.2
有色金属冶炼及压延加工业	121.2	95.4	82.6	126.6	108.4
金属制品业	101.3	106.2	98.2	102.4	100.2
通用设备制造业	101.5	106.0	99.5	99.0	104.6
专用设备制造业	100.2	105.6	101.5	98.8	102.5
交通运输设备制造业	103.0	105.0	93.3	100.7	100.8
电气机械及器材制造业	103.0	101.2	94.0	103.4	101.2
通信设备、计算机及其他电子设备制造业	94.9	87.8	92.7	99.5	99.4
仪器仪表及文化、办公用机械制造业	100.0	100.0	100.0	103.1	96.7
工艺品及其他制造业	107.1	104.0	105.9	102.8	110.1
废弃资源和废旧材料回收加工业	100.0	113.3	72.6	100.1	103.5
电力、热力的生产和供应业	103.6	101.4	101.0	102.9	98.5
燃气生产和供应业	109.2	99.9	132.0	101.2	100.0
水的生产和供应业	101.5	100.4	106.6	119.2	107.0

2-14　2012-2013年工业生产者出厂价格分类指数

（上年价格=100）

类　　别	2012	2013
全部工业品	**97.9**	**97.5**
其中：轻工业	101.0	100.4
重工业	96.8	96.4
其中:生产资料	96.8	96.4
采掘	98.2	97.3
原料	95.6	96.7
加工	98.6	95.5
生活资料	101.1	100.5
食品	101.1	100.6
衣着	105.4	101.9
一般日用品	101.0	99.6
耐用消费品	101.4	102.2
其中：初级产品	98.3	97.3
中间产品	97.7	97.3
最终产品	100.3	99.8
按部门分		
冶金工业	90.9	94.8
电力工业	98.9	99.1
煤炭及炼焦工业	103.9	94.7
石油工业	108.3	101.5
化学工业	101.2	95.7
机械工业	100.2	100.2
建筑材料工业	100.2	96.0
森林工业	105.1	102.4
食品工业	101.0	100.6
纺织行业	96.2	102.7
缝纫工业	104.2	101.0

2-14 续表 1

(上年价格=100)

类别	2012	2013
皮革工业		
造纸工业	98.9	98.3
文教艺术用品工业	100.1	99.3
其他工业	103.2	100.9
按工业行业大、中、小类分(新行业)		
煤炭开采和洗选业	107.7	93.2
烟煤和无烟煤开采洗选	107.2	92.5
褐煤开采洗选	110.6	97.3
其他煤炭采选	105.6	101.1
石油和天然气开采业	100.0	100.0
天然气开采	100.0	100.0
黑色金属矿采选业	95.5	100.1
铁矿采选	94.3	99.5
锰矿、铬矿采选	107.5	105.3
有色金属矿采选业	92.1	97.7
常用有色金属矿采选	91.3	97.8
铜矿采选	94.3	97.7
铅锌矿采选	84.8	97.9
锡矿采选	92.8	100.1
其他常用有色金属矿采选	103.0	99.8
贵金属矿采选	105.7	92.8
金矿采选	105.8	93.0
银矿采选	103.1	89.3
稀有稀土金属矿采选	101.4	104.6
钨钼矿采选	101.4	104.6
非金属矿采选业	105.4	103.3
土砂石开采	99.5	99.4

2-14 续表 2

(上年价格=100)

类　　别	2012	2013
石灰石、石膏开采	97.0	97.6
建筑装饰用石开采	100.0	100.0
耐火土石开采	103.6	101.8
粘土及其他土砂石开采	101.5	100.2
化学矿开采	105.6	103.4
农副食品加工业	98.6	100.9
谷物磨制	108.6	101.8
饲料加工	101.9	101.9
植物油加工	101.7	105.2
食用植物油加工	104.2	106.8
非食用植物油加工	86.8	94.9
制糖业	91.7	95.1
屠宰及肉类加工	101.6	106.9
牲畜屠宰	100.3	108.5
肉制品及副产品加工	104.4	103.5
水产品加工	102.0	104.5
水产饲料制造	102.0	104.5
蔬菜、水果和坚果加工	104.7	103.8
蔬菜加工	104.4	104.7
水果和坚果加工	105.4	101.3
其他农副食品加工	104.3	111.0
淀粉及淀粉制品制造	103.8	105.5
豆制品制造	107.0	109.8
其他未列明农副食品加工	104.4	112.9
食品制造业	103.0	101.8
焙烤食品制造	103.4	102.1
糕点、面包制造	108.9	103.3
饼干及其他焙烤食品制造	100.2	101.4

2-14 续表 3

(上年价格=100)

类 别	2012	2013
糖果、巧克力及蜜饯制造	107.6	100.4
糖果、巧克力制造	107.6	99.9
蜜饯制作	108.3	100.8
方便食品制造	102.6	101.4
米、面制品制造	104.9	101.0
速冻食品制造	101.4	97.7
方便面及其他方便食品制造	97.1	104.2
乳制品制造	106.3	104.8
罐头食品制造	97.3	101.6
肉、禽类罐头制造	113.4	96.9
蔬菜、水果罐头制造	93.9	102.6
调味品、发酵制品制造	102.7	103.6
味精制造	98.4	98.5
酱油、食醋及类似制品制造	103.5	104.6
其他调味品、发酵制品制造	103.5	104.6
其他食品制造	101.5	99.4
营养食品制造	133.3	113.3
保健食品制造	94.8	99.4
冷冻饮品及食用冰制造	99.2	97.5
盐加工	100.9	100.5
食品及饲料添加剂制造	101.1	92.6
其他未列明食品制造	100.5	101.1
酒、饮料和精制茶制造业	104.3	102.6
酒的制造	102.1	100.0
酒精制造	100.2	93.0
白酒制造	102.0	101.0
啤酒制造	101.8	100.7
葡萄酒制造	100.0	100.0

2-14 续表 4

(上年价格=100)

类别	2012	2013
其他酒制造	107.1	100.6
饮料制造	102.9	100.9
碳酸饮料制造	101.7	100.0
瓶(罐)装饮用水制造	103.6	102.9
果菜汁及果菜汁饮料制造	104.0	100.1
含乳饮料和植物蛋白饮料制造	102.9	103.2
固体饮料制造	97.3	99.6
茶饮料及其他饮料制造	104.0	100.0
精制茶加工	107.9	106.9
烟草制品业	101.2	100.2
烟叶复烤	107.5	100.6
卷烟制造	100.8	100.2
其他烟草制品制造	102.8	100.9
纺织业	96.5	102.5
棉纺织及印染精加工	93.4	100.0
棉纺纱加工	86.3	99.8
棉织造加工	95.1	103.7
棉印染精加工	97.2	98.6
麻纺织及染整精加工	100.4	99.8
麻染整精加工	100.4	99.8
丝绢纺织及印染精加工	98.4	105.3
缫丝加工	98.5	105.0
绢纺和丝织加工	92.2	118.4
针织或钩针编织物及其制品制造	103.2	99.6
针织或钩针编织物织造	103.2	99.6
家用纺织制成品制造	97.5	98.2
床上用品制造	94.5	99.2

2-14 续表 5

(上年价格=100)

类　　别	2012	2013
毛巾类制品制造	101.0	105.0
窗帘、布艺类产品制造	99.4	92.6
非家用纺织制成品制造	102.6	92.1
绳、索、缆制造	102.6	92.1
纺织服装、服饰业	104.6	101.4
机织服装制造	104.6	101.4
皮革、毛皮、羽毛及其制品和制鞋业	106.7	103.0
羽毛(绒)加工及制品制造	99.6	100.0
羽毛(绒)制品加工	99.6	100.0
制鞋业	107.1	103.2
橡胶鞋制造	107.1	103.2
木材加工和木、竹、藤、棕、草制品业	105.1	102.4
木材加工	104.9	102.1
锯材加工	104.6	102.3
木片加工	110.2	98.5
人造板制造	101.8	100.8
胶合板制造	101.8	101.3
纤维板制造	101.8	100.4
刨花板制造	99.2	101.7
其他人造板制造	106.8	104.5
木制品制造	116.0	107.2
木门窗、楼梯制造	106.6	104.3
地板制造	127.8	112.1
木制容器制造	115.8	99.0
家具制造业	100.0	100.0
金属家具制造	100.0	100.0
其他家具制造	100.0	100.0

2-14 续表 6

(上年价格=100)

类　　别	2012	2013
造纸和纸制品业	98.9	98.3
纸浆制造	96.2	98.1
木竹浆制造	95.9	97.8
非木竹浆制造	97.7	101.0
造纸	98.8	97.7
机制纸及纸板制造	99.8	97.6
加工纸制造	95.7	97.9
纸制品制造	100.6	100.0
纸和纸板容器制造	100.1	100.2
其他纸制品制造	101.8	99.4
印刷和记录媒介复制业	100.1	99.3
印刷	100.0	99.2
书、报刊印刷	104.3	98.9
包装装潢及其他印刷	99.6	99.3
装订及印刷相关服务	102.0	102.4
文教、工美、体育和娱乐用品制造业	101.8	99.7
文教办公用品制造	100.0	100.0
墨水、墨汁制造	100.0	100.0
工艺美术品制造	101.8	99.7
金属工艺品制造	103.6	100.0
珠宝首饰及有关物品制造	101.7	99.7
其他工艺美术品制造	100.0	100.0
石油加工、炼焦和核燃料加工业	100.4	91.9
精炼石油产品制造	106.6	101.8
原油加工及石油制品制造	106.6	101.8
炼焦	100.4	91.9
化学原料和化学制品制造业	101.0	93.3
基础化学原料制造	98.4	93.9

2-14 续表 7

(上年价格=100)

类　　别	2012	2013
无机酸制造	100.3	88.8
无机碱制造	89.9	95.2
无机盐制造	102.0	92.2
有机化学原料制造	92.1	101.2
其他基础化学原料制造	96.5	97.2
肥料制造	103.5	90.7
氮肥制造	105.7	86.9
磷肥制造	101.5	90.6
钾肥制造	95.6	81.9
复混肥料制造	104.4	93.7
农药制造	111.6	97.4
化学农药制造	115.0	96.1
生物化学农药及微生物农药制造	101.2	100.8
涂料、油墨、颜料及类似产品制造	100.2	97.4
涂料制造	97.5	100.3
油墨及类似产品制造	101.9	94.7
颜料制造	103.2	97.7
合成材料制造	96.7	94.7
初级形态塑料及合成树脂制造	86.6	98.5
合成橡胶制造	97.2	100.2
合成纤维单(聚合)体制造	100.6	83.3
专用化学产品制造	92.2	106.0
化学试剂和助剂制造	106.2	104.1
林产化学产品制造	84.7	109.0
信息化学品制造	100.5	130.0
动物胶制造	100.0	100.0
其他专用化学产品制造	98.2	100.0
炸药、火工及焰火产品制造	101.0	99.7

2-14 续表 8

(上年价格=100)

类　　别	2012	2013
炸药及火工产品制造	100.9	99.7
焰火、鞭炮产品制造	103.3	100.0
日用化学产品制造	100.8	100.0
肥皂及合成洗涤剂制造	113.6	99.0
口腔清洁用品制造	100.0	100.0
香料、香精制造	99.8	100.1
医药制造业	101.3	100.9
化学药品原料药制造	109.8	98.2
化学药品制剂制造	99.9	100.7
中药饮片加工	99.7	103.5
中成药生产	102.1	101.0
兽用药品制造	103.9	101.5
生物药品制造	98.3	97.1
卫生材料及医药用品制造	100.0	100.0
化学纤维制造业	103.8	100.3
纤维素纤维原料及纤维制造	103.8	100.3
人造纤维(纤维素纤维)制造	103.8	100.3
橡胶和塑料制品业	98.9	101.2
橡胶制品业	104.0	102.5
轮胎制造	100.0	100.0
橡胶板、管、带制造	113.6	102.1
再生橡胶制造	103.4	100.0
日用及医用橡胶制品制造	103.3	107.0
塑料制品业	98.4	101.0
塑料薄膜制造	95.9	100.3
塑料板、管、型材制造	102.6	99.9
塑料丝、绳及编织品制造	96.8	104.2

2-14 续表 9

(上年价格=100)

类　　别	2012	2013
泡沫塑料制造	98.9	100.3
塑料包装箱及容器制造	100.3	100.3
日用塑料制品制造	97.2	101.1
其他塑料制品制造	96.6	98.9
非金属矿物制品业	100.4	96.1
水泥、石灰和石膏制造	100.3	94.5
水泥制造	100.3	94.5
石膏、水泥制品及类似制品制造	101.1	102.0
水泥制品制造	101.8	102.4
砼结构构件制造	94.6	96.5
石棉水泥制品制造	100.0	100.0
轻质建筑材料制造	94.2	101.0
砖瓦、石材等建筑材料制造	105.0	100.1
粘土砖瓦及建筑砌块制造	104.8	97.4
建筑陶瓷制品制造	112.2	102.8
建筑用石加工	104.0	100.0
防水建筑材料制造	99.8	97.2
其他建筑材料制造	100.0	100.0
玻璃制造	86.9	102.5
平板玻璃制造	86.9	102.5
玻璃制品制造	101.2	99.8
技术玻璃制品制造	97.9	96.8
光学玻璃制造	84.5	100.0
玻璃仪器制造	99.4	100.0
玻璃包装容器制造	104.8	101.1
玻璃纤维和玻璃纤维增强塑料制品制造	100.0	100.0
玻璃纤维增强塑料制品制造	100.0	100.0

2-14 续表 10

(上年价格=100)

类　　别	2012	2013
陶瓷制品制造	101.6	101.2
日用陶瓷制品制造	102.1	102.9
园林、陈设艺术及其他陶瓷制品制造	100.0	94.4
耐火材料制品制造	98.4	99.5
耐火陶瓷制品及其他耐火材料制造	98.4	99.5
石墨及其他非金属矿物制品制造	104.5	97.7
石墨及碳素制品制造	105.8	97.1
其他非金属矿物制品制造	99.6	100.0
黑色金属冶炼和压延加工业	91.9	93.2
炼铁	88.5	92.6
炼钢	95.4	98.2
黑色金属铸造	101.7	101.3
钢压延加工	91.3	90.8
铁合金冶炼	93.5	96.0
有色金属冶炼和压延加工业	89.0	94.9
常用有色金属冶炼	87.4	95.0
铜冶炼	87.7	95.2
铅锌冶炼	87.6	96.9
镍钴冶炼	72.1	86.1
锡冶炼	86.1	95.2
锑冶炼	84.0	89.7
铝冶炼	89.8	91.0
其他常用有色金属冶炼	91.7	88.9
贵金属冶炼	101.7	88.1
金冶炼	104.9	87.7
银冶炼	87.8	88.3
其他贵金属冶炼	73.6	96.0
稀有稀土金属冶炼	93.1	105.1

2-14 续表 11

(上年价格=100)

类别	2012	2013
稀土金属冶炼	95.9	119.1
其他稀有金属冶炼	92.3	101.6
有色金属合金制造	92.1	96.9
有色金属铸造	93.0	97.9
有色金属压延加工	97.3	96.2
铜压延加工	84.1	92.0
铝压延加工	93.6	93.3
贵金属压延加工	100.0	100.0
稀有稀土金属压延加工	105.3	108.4
其他有色金属压延加工	101.8	98.9
金属制品业	99.9	98.3
结构性金属制品制造	100.9	98.5
金属结构制造	101.1	98.4
金属门窗制造	98.2	99.9
金属工具制造	100.5	98.6
手工具制造	100.7	98.3
农用及园林用金属工具制造	100.0	100.0
集装箱及金属包装容器制造	96.8	100.1
金属压力容器制造	96.5	101.1
金属包装容器制造	97.3	98.3
金属丝绳及其制品制造	98.8	97.0
建筑、安全用金属制品制造	100.2	99.7
建筑、家具用金属配件制造	100.0	100.0
其他建筑、安全用金属制品制造	100.7	98.7
其他金属制品制造	98.8	95.8
锻件及粉末冶金制品制造	93.2	97.2
交通及公共管理用金属标牌制造	100.0	100.0
其他未列明金属制品制造	99.4	95.0

2-14 续表 12

(上年价格=100)

类　　别	2012	2013
通用设备制造业	102.5	99.9
锅炉及原动设备制造	94.9	97.9
锅炉及辅助设备制造	101.0	110.1
内燃机及配件制造	94.5	97.1
金属加工机械制造	103.2	100.6
金属切削机床制造	103.2	100.7
金属切割及焊接设备制造	100.6	101.8
机床附件制造	100.0	100.0
其他金属加工机械制造	114.1	82.4
物料搬运设备制造	100.5	99.3
起重机制造	101.0	99.3
连续搬运设备制造	98.8	100.2
电梯、自动扶梯及升降机制造	97.4	94.7
泵、阀门、压缩机及类似机械制造	93.7	99.8
泵及真空设备制造	92.8	101.5
液压和气压动力机械及元件制造	98.1	90.7
轴承、齿轮和传动部件制造	100.1	100.3
轴承制造	100.2	100.6
齿轮及齿轮减、变速箱制造	100.0	99.7
烘炉、风机、衡器、包装等设备制造	104.1	100.9
风机、风扇制造	102.5	100.9
衡器制造	109.8	100.8
文化、办公用机械制造	100.0	100.0
计算器及货币专用设备制造	100.0	100.0
通用零部件制造	104.7	96.2
紧固件制造	108.2	97.0
弹簧制造	104.8	100.0

2-14 续表 13

（上年价格=100）

类　　别	2012	2013
机械零部件加工	98.3	94.1
其他通用设备制造业	100.0	100.0
专用设备制造业	101.4	100.4
采矿、冶金、建筑专用设备制造	100.2	99.4
矿山机械制造	99.8	100.5
建筑工程用机械制造	100.0	100.0
建筑材料生产专用机械制造	103.0	101.3
冶金专用设备制造	99.4	93.1
化工、木材、非金属加工专用设备制造	100.5	98.3
橡胶加工专用设备制造	108.3	94.4
模具制造	96.7	100.0
食品、饮料、烟草及饲料生产专用设备制造	103.6	101.6
食品、酒、饮料及茶生产专用设备制造	104.4	101.6
农副食品加工专用设备制造	98.3	102.2
烟草生产专用设备制造	99.9	101.5
印刷、制药、日化及日用品生产专用设备制造	100.0	100.0
印刷专用设备制造	100.0	100.0
电子和电工机械专用设备制造	101.3	100.0
电子工业专用设备制造	101.3	100.0
农、林、牧、渔专用机械制造	100.7	100.1
拖拉机制造	100.7	100.1
环保、社会公共服务及其他专用设备制造	100.1	101.8
环境保护专用设备制造	100.0	100.0
社会公共安全设备及器材制造	105.2	103.2
水资源专用机械制造	100.0	104.7
汽车制造业	100.1	101.2
汽车整车制造	100.2	101.2

2-14 续表 14

(上年价格=100)

类　　别	2012	2013
汽车车身、挂车制造	100.5	100.0
汽车零部件及配件制造	99.6	101.0
铁路、船舶、航空航天和其他运输设备制造业	103.5	101.7
铁路运输设备制造	103.5	101.7
窄轨机车车辆制造	103.5	101.7
电气机械和器材制造业	97.5	98.6
电机制造	94.4	97.8
发电机及发电机组制造	94.8	98.3
电动机制造	92.9	95.5
输配电及控制设备制造	100.2	99.3
变压器、整流器和电感器制造	98.7	98.2
配电开关控制设备制造	102.5	101.4
光伏设备及元器件制造	100.0	88.7
电线、电缆、光缆及电工器材制造	93.7	97.0
电线、电缆制造	93.7	97.0
绝缘制品制造	91.2	100.0
电池制造	103.8	100.6
其他电池制造	103.8	100.6
非电力家用器具制造	102.1	103.2
燃气、太阳能及类似能源家用器具制造	102.1	103.2
计算机、通信和其他电子设备制造业	98.3	97.5
计算机制造	98.4	96.7
计算机外围设备制造	97.9	95.8
其他计算机制造	100.0	100.0
通信设备制造	99.3	100.0
通信系统设备制造	99.3	100.0
电子元件制造	96.6	99.1
电子元件及组件制造	96.6	99.1
其他电子设备制造	100.0	100.0

2-14 续表 15

（上年价格=100）

类　　别	2012	2013
仪器仪表制造业	97.3	100.1
通用仪器仪表制造	99.1	100.9
工业自动控制系统装置制造	100.0	100.0
电工仪器仪表制造	99.9	98.1
供应用仪表及其他通用仪器制造	94.6	108.6
专用仪器仪表制造	98.2	100.0
其他专用仪器制造	98.2	100.0
光学仪器及眼镜制造	96.9	100.0
光学仪器制造	96.9	100.0
其他制造业	100.9	98.6
日用杂品制造	100.3	99.7
鬃毛加工、制刷及清扫工具制造	100.3	99.7
其他未列明制造业	101.0	98.3
废弃资源综合利用业	100.0	100.0
金属废料和碎屑加工处理	100.0	100.0
金属制品、机械和设备修理业	100.1	100.2
金属制品修理	100.0	100.0
专用设备修理	100.0	100.0
电气设备修理	100.5	101.2
电力、热力生产和供应业	98.9	99.1
电力生产	103.8	99.0
火力发电	107.0	99.8
水力发电	100.6	98.1
其他电力生产	103.8	100.3
电力供应	96.2	99.3
燃气生产和供应业	100.1	130.0
水的生产和供应业	104.3	103.5
自来水生产和供应	104.3	103.5
污水处理及其再生利用	100.0	118.8

2-15 1991-2013年工业生产者购进价格分类指数

(上年价格=100)

年 份	总指数	燃料、动力类	黑色金属材料类	有色金属材料及电线类	化工原料类	木材及纸浆类	建筑材料及非金属类	其他工业原材料及半成品类	农副产品类	纺织原料类
1991	108.2	104.4	117.2	103.9	117.5	95.9	106.3		109.3	120.6
1992	111.9	117.9	113.2	107.9	104.5	106.0	137.2	100.5	102.7	98.8
1993	138.1	138.6	189.7	116.2	123.0	133.6	212.1	117.9	102.0	108.2
1994	110.3	114.5	121.0	106.2	110.8	107.3	117.5	110.3	125.2	159.6
1995	113.2	107.1	91.0	140.4	126.1	106.6	98.6	108.7	132.7	155.3
1996	111.3	119.2	100.4	85.6	108.4	111.5	92.3	104.2	129.5	97.2
1997	103.1	118.3	101.1	90.0	93.4	102.9	97.8	99.2	100.1	97.0
1998	100.7	100.8	96.1	86.6	95.1	94.3	101.0	91.7	116.8	96.5
1999	98.8	100.2	94.0	96.1	95.0	102.7	97.6	99.7	104.5	89.4
2000	101.5	106.5	99.3	107.0	100.2	103.5	98.1	102.3	96.8	95.8
2001	99.4	100.9	100.2	100.5	97.8	103.0	98.6	100.2	97.5	96.0
2002	97.6	98.9	97.6	94.1	98.0	96.0	101.1	97.8	98.9	91.9
2003	102.7	103.8	107.6	105.3	102.2	101.3	100.1	100.4	99.8	102.2
2004	109.6	107.9	116.7	127.1	105.2	101.8	104.4	108.2	105.1	105.3
2005	106.5	109.3	107.2	109.8	106.9	101.4	106.2	104.7	105.4	100.8
2006	107.6	106.8	96.6	127.7	102.0	102.2	107.4	104.8	111.1	101.6
2007	108.2	106.6	110.3	120.9	103.2	105.3	105.7	105.4	108.4	100.7
2008	111.6	118.6	124.6	95.6	110.7	105.1	110.5	110.1	107.7	104.2
2009	95.0	98.9	89.6	78.7	94.0	94.8	100.3	100.7	99.2	96.5
2010	109.0	106.7	107.4	126.4	105.3	105.5	105.2	106.3	110.9	103.7
2011	108.0	108.3	111.4	109.2	109.4	105.0	110.3	103.5	106.6	115.7
2012	99.3	102.2	94.6	93.0	100.8	101.6	107.8	101.1	103.9	100.5
2013	98.8	99.0	97.8	96.1	96.8	100.0	100.0	100.3	104.1	98.0

2-16 1991-2013年固定资产投资价格分类指数

(上年价格=100)

年 份	总指数	建筑安装、装饰工程				设备、工器具购置	其他费用
			人工费	材料费	机械使用费		
1991	112.1	111.3	130.3	110.2		114.3	111.1
1992	117.6	117.8	109.7	117.2		118.8	115.2
1993	135.4	136.4	134.7	135.1		123.2	155.0
1994	107.8	107.0	111.4	105.1		110.1	107.1
1995	104.0	102.1	126.5	97.1	110.7	105.8	110.4
1996	104.3	105.4	120.5	102.7	119.4	102.5	101.2
1997	105.4	106.7	120.4	103.1	109.0	100.0	110.2
1998	101.8	103.5	109.1	99.9	102.8	97.2	102.5
1999	100.7	102.0	103.1	99.8	102.5	96.5	101.4
2000	101.6	102.4	106.0	100.7	107.8	98.3	103.6
2001	101.0	101.9	104.3	100.6	105.0	98.2	100.6
2002	100.0	100.9	101.6	100.4	101.3	96.7	100.8
2003	102.2	103.1	103.9	103.1	102.1	99.4	102.4
2004	108.0	110.4	105.6	112.0	109.4	102.4	105.7
2005	104.6	105.4	107.9	105.8	102.8	102.3	103.9
2006	101.8	101.2	108.7	99.8	101.4	101.3	104.1
2007	104.2	104.5	116.7	102.6	102.2	100.5	107.0
2008	107.4	110.1	114.6	109.9	106.4	101.0	102.2
2009	98.1	97.6	105.8	94.9	102.5	97.1	100.9
2010	102.7	103.5	106.6	102.6	103.8	100.4	102.0
2011	104.6	106.0	110.0	105.2	103.4	101.2	102.8
2012	101.4	101.7	108.5	99.5	102.4	99.3	101.9
2013	101.1	101.2	106.8	99.3	101.7	99.3	101.9

2-17　2001-2013年农业生产资料价格分类指数

(上年价格=100)

项　　目	2001	2002	2003	2004	2005	2006	2007
农业生产资料价格指数	**96.6**	**100.4**	**101.9**	**106.3**	**105.9**	**102.8**	**107.0**
农用手工工具	98.2	99.8	95.8	107.9	101.5	105.5	104.7
饲料	98.2	106.8	106.0	113.7	104.5	103.7	109.3
产品畜	93.8	98.3	97.3	107.4	96.4	99.3	128.5
半机械化农具	99.8	98.2	98.4	105.6	100.9	100.2	102.0
机械化农具	98.2	98.0	99.0	102.4	100.6	101.4	99.6
化学肥料	94.8	102.0	104.2	104.3	109.6	99.3	104.1
农药及农药械	99.1	95.7	95.9	98.7	106.9	101.2	103.4
化学农药	99.1	96.9	95.4	98.7	108.5	101.8	103.3
农药器械	98.9	90.4	98.7	98.3	100.7	98.8	103.9
农用机油	94.9	94.8	97.6	101.5	111.1	121.9	105.2
其他农业生产资料	98.1	100.0	99.8	101.3	106.5	108.9	102.9
农用种子	96.6	101.0	100.6	99.3	106.6	110.3	102.2
其他			98.8	103.4	106.4	106.9	104.0
农业生产服务						100.1	103.3

2-17　续表

(上年价格=100)

项　　目	2008	2009	2010	2011	2012	2013
农业生产资料价格指数	**116.6**	**99.3**	**101.4**	**108.3**	**104.6**	**100.1**
农用手工工具	111.3	104.3	100.5	102.5	101.7	101.5
饲料	114.0	106.3	108.7	103.1	105.1	104.0
产品畜	131.6	78.9	92.7	119.6	106.3	96.1
半机械化农具	102.6	107.0	100.7	103.5	101.3	101.4
机械化农具	102.7	104.6	102.1	100.5	101.1	101.7
化学肥料	125.2	100.2	98.2	112.1	106.5	98.5
农药及农药械	106.1	100.4	100.7	101.9	101.8	100.2
化学农药	107.2	99.8	100.3	101.6	101.8	100.9
农药器械	100.7	102.8	102.5	103.8	101.4	94.8
农用机油	113.7	96.4	107.4	108.6	103.8	100.2
其他农业生产资料	103.5	103.5	106.0	105.9	102.7	101.6
农用种子	101.2	105.4	108.3	108.3	103.9	102.3
其他	107.3	100.4	101.9	102.2	100.8	100.3
农业生产服务	105.8	104.9	106.5	101.9	106.1	109.2

2-18 2002-2013年农产品生产者价格指数

(上年价格=100)

类别	2002	2003	2004	2005	2006	2007
生产价格总指数	**108.6**	**100.3**	**112.9**	**104.0**	**106.6**	**117.5**
种植业产品	104.6	99.0	110.7	103.9	108.4	113.3
谷物	109.9	104.9	123.5	102.9	99.1	107.6
薯类	97.6	108.2	102.8	103.4	110.9	107.0
油料	110.5	117.5	108.7	94.3	93.0	144.0
糖料	105.6	94.3	102.0	106.6	144.3	98.4
烟叶	97.6	97.3	113.2	105.1	100.8	107.0
蔬菜	98.0	97.8	111.6	102.7	103.1	102.5
水果	85.2	94.8	87.8	103.8	102.9	104.1
林业产品	158.8	111.0	115.8	115.3	123.3	97.7
木材	229.6	103.5	99.9	99.8	101.1	92.7
竹材	63.3	100.4	135.0	114.1	100.7	105.9
畜牧业产品	115.4	100.7	116.8	100.9	100.0	128.6
猪	114.3	100.1	119.7	100.3	99.0	135.0
牛	137.2	102.0	106.2	101.2	96.8	108.6
羊	135.0	103.6	103.8	103.3	107.5	115.1
家禽	111.0	99.6	109.5	104.5	102.6	115.5
禽蛋	100.6	96.4	105.3	103.0	102.1	108.7
奶	95.5	117.4	104.1	99.9	102.9	104.9
渔业产品	113.6	98.3	111.6	111.3	94.0	113.0
淡水鱼类	113.6	98.3	111.6	111.3	93.5	112.9

2-18 续表

(上年价格=100)

类别	2008	2009	2010	2011	2012	2013
生产价格总指数	**115.5**	**96.5**	**112.5**	**117.9**	**110.7**	**104.9**
种植业产品	107.6	103.6	114.3	112.3	113.7	107.6
谷物	114.3	100.8	118.6	108.8	108.5	107.1
薯类	126.5	110.3	141.7	99.5	103.3	117.8
油料	138.1	74.3	103.1	105.5	116.0	106.8
糖料	99.9	98.8	113.4	131.6	125.5	102.4
烟叶	118.4	104.0	104.1	118.7	114.2	107.3
蔬菜	107.1	109.5	121.8	101.1	111.0	108.4
水果	105.3	110.8	133.6	119.5	102.4	113.4
林业产品	105.6	98.4	144.8	117.3	92.2	109.9
木材	116.5	102.2	132.8	105.5	114.8	102.9
竹材	99.1	100.7	107.6	110.5	106.5	98.2
畜牧业产品	130.7	84.5	103.3	131.8	104.7	98.1
猪	134.5	79.3	100.1	136.9	103.7	94.6
牛	129.6	96.1	104.2	112.6	106.8	114.6
羊	128.7	95.2	102.0	110.1	116.8	110.9
家禽	112.8	100.1	111.5	114.3	105.9	108.8
禽蛋	111.3	98.5	112.1	118.7	108.0	106.8
奶	115.7	109.2	135.6	104.6	99.3	126.9
渔业产品	111.4	98.1	107.8	107.2	100.7	98.2
淡水鱼类	111.4	98.1	107.8	107.4	100.7	98.2

2-19 分月居民消费价格指数(2013年，同比)

(上年同月价格=100)

项 目	1月	2月	3月	4月	5月	6月	7月	8月	9月	10月	11月	12月
居民消费价格指数	**102.7**	**103.3**	**102.8**	**103.0**	**102.5**	**103.2**	**103.8**	**103.7**	**103.1**	**103.4**	**103.3**	**102.8**
其中：城市	102.9	103.5	102.9	103.2	102.6	103.7	104.4	104.1	103.3	103.5	103.4	102.9
农村	102.2	103.2	102.6	102.5	102.2	102.3	102.8	103.0	102.8	103.2	103.1	102.5
其中：食品	105.0	106.6	104.5	105.4	104.0	104.9	105.9	106.1	105.2	106.3	106.6	105.8
非食品	101.4	101.6	101.9	101.7	101.6	102.3	102.7	102.4	102.0	101.8	101.5	101.2
其中：消费品	102.6	103.5	102.7	103.0	102.4	103.2	104.2	104.0	103.3	103.6	103.5	102.9
服务项目	102.8	102.8	102.9	102.8	102.8	103.1	102.7	102.7	102.4	102.8	102.7	102.4
食品	105.0	106.6	104.5	105.4	104.0	104.9	105.9	106.1	105.2	106.3	106.6	105.8
粮食	102.6	101.7	101.3	101.9	102.3	102.4	102.6	102.2	101.6	103.0	102.7	102.3
淀粉及制品	106.1	108.7	106.6	106.8	104.2	104.1	104.6	102.6	99.5	99.3	99.8	100.4
干豆类及豆制品	104.7	108.0	109.7	109.6	109.2	109.2	108.3	108.1	106.9	107.2	108.2	107.7
油脂	101.2	101.8	102.4	101.7	101.8	101.6	100.7	100.7	99.4	98.4	98.1	97.5
肉禽及其制品	98.9	102.4	101.7	101.9	102.0	103.1	104.5	106.1	105.9	105.9	105.1	104.3
猪肉	90.5	95.1	94.4	95.8	97.3	98.8	100.8	103.8	104.1	104.1	102.7	102.1
蛋	103.7	111.5	110.4	110.3	109.8	107.0	106.9	106.2	104.6	103.6	103.8	102.4
水产品	101.1	105.3	103.4	103.6	102.6	101.3	100.6	102.3	102.5	103.0	103.1	103.1
菜	115.6	116.7	100.7	103.9	96.4	98.4	104.5	103.8	103.7	114.8	118.7	114.9
#鲜菜	116.6	117.2	98.7	102.7	95.3	97.3	104.5	103.8	103.5	116.3	120.9	116.3
调味品	102.2	102.7	103.2	104.0	104.2	104.8	105.1	105.5	105.2	105.3	105.9	106.3
糖	101.9	101.8	101.9	102.0	101.4	101.4	101.4	101.3	101.2	101.0	101.0	101.0
茶及饮料	107.7	108.3	107.9	107.5	107.5	107.9	107.3	107.2	107.0	104.1	102.1	100.8
干鲜瓜果	101.6	104.6	105.7	106.6	106.0	110.0	110.8	109.8	110.1	108.8	110.1	110.4
糕点饼干面包	104.1	102.5	103.4	105.0	104.5	104.6	105.1	105.4	105.3	104.7	103.6	104.4
液体乳及乳制品	104.1	104.3	102.2	101.7	101.6	101.3	101.6	101.8	104.0	104.5	107.3	109.1
在外用膳食品	110.6	110.7	110.0	112.1	110.7	111.1	110.3	110.5	107.1	106.3	106.2	105.5
其他食品	102.5	102.5	102.6	103.0	102.2	102.5	103.2	103.4	103.2	102.7	102.5	103.1
烟酒	100.8	100.7	100.8	100.8	100.8	100.8	100.9	100.7	100.7	100.7	100.6	100.6
烟草	100.2	100.2	100.2	100.2	100.2	100.3	100.4	100.3	100.4	100.4	100.4	100.4
酒	102.8	102.7	103.0	102.9	102.9	102.8	102.9	102.2	101.9	101.7	101.7	101.1

2-19 续表

(上年同月价格=100)

项　　目	1月	2月	3月	4月	5月	6月	7月	8月	9月	10月	11月	12月
衣着	99.3	99.7	99.9	100.7	101.2	102.3	104.1	103.8	102.4	101.0	99.6	98.7
服装	101.9	102.4	102.6	103.3	103.6	104.6	105.1	103.4	101.8	100.5	99.5	98.7
衣着材料	100.9	101.0	101.1	100.9	100.6	100.6	100.7	100.7	100.8	100.6	100.4	100.6
鞋袜帽	91.8	92.2	92.3	93.4	94.7	96.1	101.2	105.0	104.3	102.0	99.5	98.5
衣着加工服务费	109.1	109.5	109.9	107.8	106.0	106.2	106.3	106.1	105.8	104.6	104.5	100.4
家庭设备用品及维修服务	101.5	101.6	101.7	101.3	101.6	102.5	102.7	102.1	102.0	101.7	101.1	101.0
耐用消费品	100.5	100.6	100.6	100.5	100.7	101.7	101.9	101.6	101.9	101.5	101.0	101.1
室内装饰品	98.2	98.2	98.3	98.8	99.3	98.9	98.7	98.6	98.6	98.6	99.2	99.5
床上用品	100.4	100.1	100.2	100.6	101.4	106.4	106.5	102.2	101.6	101.5	98.0	98.0
家庭日用杂品	102.6	102.4	102.3	101.8	101.7	101.4	101.2	101.2	100.9	100.8	100.7	100.2
家庭服务及加工维修服务	106.1	107.7	109.0	105.8	107.6	107.4	108.7	108.8	108.8	108.0	107.8	107.8
医疗保健和个人用品	101.7	103.1	102.9	102.6	102.5	102.7	102.6	102.6	102.6	102.4	102.3	102.2
医疗保健	101.2	103.1	102.9	102.9	102.7	102.9	103.0	103.1	103.2	103.2	103.1	102.9
个人用品及服务	103.3	103.0	102.7	101.4	101.8	101.8	101.2	100.8	100.8	99.8	99.9	99.8
交通和通信	100.6	100.4	100.3	99.3	99.2	100.0	100.7	100.7	100.4	100.1	100.1	100.4
交通	102.2	101.7	101.5	99.8	99.7	100.6	101.7	101.6	101.1	100.6	100.7	101.1
通信	98.5	98.5	98.6	98.6	98.6	99.1	99.3	99.4	99.4	99.4	99.3	99.3
娱乐教育文化用品及服务	101.0	101.1	100.9	100.9	100.8	101.6	101.4	101.2	100.8	101.5	101.9	101.2
文娱用耐用消费品及服务	96.3	96.3	96.2	96.9	97.0	99.0	99.2	97.7	98.0	98.0	97.4	97.2
教育	100.9	100.8	100.6	100.7	100.6	100.5	100.5	100.4	100.4	100.4	100.4	100.4
文化娱乐类	100.2	99.9	100.0	99.7	100.0	100.3	100.5	100.4	100.4	100.8	100.7	100.7
旅游	106.7	108.0	107.0	106.7	105.8	107.9	106.4	107.2	104.7	107.9	110.2	106.7
居住	103.2	103.1	104.2	103.9	103.6	104.2	104.6	103.8	103.4	103.5	102.9	102.5
建房及装修材料	104.4	104.2	104.1	103.1	102.9	104.7	105.4	102.1	100.8	100.3	99.9	99.0
住房租金	104.4	104.2	105.2	105.4	105.4	105.6	104.0	104.0	105.0	105.9	104.8	104.8
自有住房	103.4	103.1	103.6	103.7	103.6	104.0	103.6	103.6	103.4	103.7	103.0	103.0
水、电、燃料	101.1	101.6	104.9	104.5	103.7	103.3	106.0	105.9	105.8	105.8	105.5	104.4

2-20 分月居民消费价格指数(2013年，环比)

(上月价格=100)

项　　目	1月	2月	3月	4月	5月	6月	7月	8月	9月	10月	11月	12月
居民消费价格指数	**101.0**	**100.8**	**99.9**	**100.3**	**99.7**	**99.9**	**100.1**	**100.1**	**100.4**	**100.4**	**100.0**	**100.1**
其中：城市	100.9	100.6	100.0	100.5	99.7	99.9	100.2	100.0	100.4	100.4	100.1	100.1
农村	101.0	101.2	99.7	99.9	99.8	99.9	100.0	100.4	100.2	100.3	99.9	100.2
其中：食品	102.3	101.6	99.0	101.0	99.4	99.7	100.1	100.7	100.9	100.9	100.1	100.0
非食品	100.3	100.4	100.4	99.9	99.9	100.0	100.2	99.8	100.0	100.1	100.0	100.1
其中：消费品	101.2	101.1	99.7	100.4	99.6	99.8	100.1	100.1	100.3	100.4	100.0	100.0
服务项目	100.1	100.1	100.3	100.0	100.1	100.2	100.3	100.1	100.4	100.4	100.1	100.3
食品	102.3	101.6	99.0	101.0	99.4	99.7	100.1	100.7	100.9	100.9	100.1	100.0
粮食	100.3	100.5	99.8	100.1	100.3	100.2	100.3	100.1	100.2	100.3	100.1	100.2
淀粉及制品	99.9	102.0	98.1	100.1	100.0	100.3	99.9	100.0	99.8	99.8	100.5	100.1
干豆类及豆制品	101.5	102.8	101.0	100.3	100.0	100.1	100.3	100.1	100.2	100.1	101.0	100.2
油脂	100.7	100.3	99.8	99.4	99.2	99.6	98.7	100.2	99.9	99.9	100.2	99.7
肉禽及其制品	102.1	102.9	97.8	98.3	98.2	100.1	100.3	101.6	101.6	100.7	100.3	100.3
猪肉	102.8	103.2	96.1	97.1	97.8	99.8	99.6	102.3	102.8	100.8	99.8	100.3
蛋	100.9	100.7	96.1	99.8	99.9	100.2	99.2	101.6	103.2	100.7	100.5	99.8
水产品	100.5	104.1	97.8	100.1	100.8	99.5	100.2	100.1	100.7	100.3	99.7	99.5
菜	112.7	100.7	94.9	107.3	97.1	95.3	100.2	101.1	103.6	104.9	98.8	98.8
#鲜菜	114.3	100.2	94.0	108.2	96.6	94.6	100.6	101.7	104.2	105.6	98.6	98.4
调味品	100.7	100.7	100.6	100.8	100.3	100.1	100.8	100.6	99.9	100.3	100.7	100.5
糖	100.2	100.2	100.2	100.0	100.0	100.2	100.1	100.2	100.2	100.0	100.0	99.7
茶及饮料	100.1	100.6	100.5	99.9	100.5	100.7	100.0	100.2	100.0	100.1	99.5	98.8
干鲜瓜果	101.0	105.7	101.9	100.9	101.4	101.7	99.1	99.4	98.0	99.9	100.1	101.0
糕点饼干面包	100.4	100.0	101.0	101.7	99.5	100.1	100.7	100.1	100.0	100.0	100.0	100.8
液体乳及乳制品	100.0	100.3	100.2	100.2	100.0	100.3	100.2	100.1	102.5	100.6	102.5	101.9
在外用膳食品	100.4	100.5	100.7	101.4	100.3	100.5	100.3	100.5	100.1	100.1	100.5	100.0
其他食品	100.2	100.1	100.2	101.0	99.8	100.2	100.7	100.1	100.0	100.3	100.0	100.3
烟酒	100.1	100.0	100.1	100.0	100.0	100.1	100.1	100.0	100.1	100.0	100.1	100.0
烟草	100.0	100.0	100.0	100.0	100.0	100.1	100.1	100.0	100.1	100.0	100.1	100.1
酒	100.3	100.2	100.5	100.1	99.9	100.1	100.1	100.1	100.1	99.9	100.0	99.8

2-20 续表

(上月价格=100)

项　　目	1月	2月	3月	4月	5月	6月	7月	8月	9月	10月	11月	12月
衣着	100.9	100.2	100.1	100.1	100.2	99.7	100.0	98.8	98.7	100.0	100.0	100.1
服装	101.0	100.2	100.0	100.1	100.2	99.8	100.0	98.5	98.8	100.0	100.0	100.1
衣着材料	100.1	100.0	100.1	100.1	100.1	100.1	100.0	100.0	100.0	99.9	100.0	100.2
鞋袜帽	100.5	100.1	100.1	100.0	100.3	99.6	100.2	99.4	98.2	100.0	100.0	100.1
衣着加工服务费	100.1	100.4	100.2	100.2	100.0	100.1	100.1	100.1	99.9	100.0	100.1	99.4
家庭设备用品及维修服务	100.3	100.2	100.2	99.9	100.3	100.1	100.2	99.8	100.1	99.9	100.0	100.1
耐用消费品	100.3	100.2	100.0	99.9	100.2	100.1	100.1	100.1	100.3	99.8	99.9	100.2
室内装饰品	100.0	100.0	100.1	100.0	99.9	99.8	99.8	100.0	100.0	100.0	100.0	99.8
床上用品	100.1	100.0	100.0	99.9	100.4	100.3	100.0	97.7	99.6	100.0	100.0	100.1
家庭日用杂品	100.4	100.1	100.0	99.9	100.0	100.1	99.9	100.0	100.0	100.0	100.0	99.9
家庭服务及加工维修服务	100.4	100.6	101.8	100.0	101.7	100.0	101.6	100.4	100.2	100.5	100.2	100.3
医疗保健和个人用品	100.0	101.7	100.0	100.1	100.1	100.1	100.0	100.1	100.3	99.9	100.0	100.0
医疗保健	100.0	102.2	100.0	100.3	100.0	100.1	100.0	100.0	100.3	100.0	100.0	100.1
个人用品及服务	100.1	100.0	99.9	99.6	100.5	99.8	99.8	100.2	100.2	99.8	100.1	99.9
交通和通信	100.0	100.2	100.3	99.5	99.7	100.1	100.2	100.2	100.3	99.9	99.9	100.2
交通	100.1	100.4	100.6	99.2	99.6	100.0	100.3	100.4	100.5	99.9	99.8	100.3
通信	100.0	99.9	99.9	100.0	99.9	100.0	100.0	100.0	99.9	99.9	99.9	100.0
娱乐教育文化用品及服务	99.9	100.0	100.0	100.0	100.0	99.9	100.4	100.2	100.2	100.5	100.1	99.9
文娱用耐用消费品及服务	99.9	99.8	99.7	100.0	99.9	99.6	99.7	99.9	99.9	99.6	99.7	99.6
教育	100.0	100.0	100.2	100.1	100.0	100.0	100.0	100.0	100.1	100.0	100.0	100.0
文化娱乐类	100.0	100.0	100.2	99.8	100.4	100.0	100.1	100.0	100.2	100.1	100.0	99.9
旅游	99.5	100.3	99.8	99.8	99.6	100.1	102.3	101.0	100.8	102.8	100.6	99.9
居住	100.5	100.2	101.1	100.0	99.7	100.2	100.2	99.8	100.3	100.2	100.0	100.4
建房及装修材料	100.5	100.5	99.9	99.9	99.6	99.9	100.7	99.2	99.6	99.9	99.7	99.5
住房租金	99.9	99.8	101.0	100.2	100.0	100.2	100.1	100.0	102.2	100.8	100.0	100.5
自有住房	100.4	100.0	100.4	100.1	99.9	100.4	100.0	100.0	100.5	100.3	99.9	100.9
水、电、燃料	100.8	100.5	103.5	99.8	99.1	100.2	100.0	99.8	100.0	100.0	100.3	100.3

2-21 分月工业生产者出厂价格指数（2013年，同比）

（上年同月价格=100）

指　标	1月	2月	3月	4月	5月	6月	7月	8月	9月	10月	11月	12月
工业生产者出厂价格指数	**97.8**	**97.7**	**97.7**	**97.3**	**97.0**	**96.9**	**96.6**	**97.4**	**97.7**	**97.8**	**97.9**	**97.9**
按轻重工业分												
轻工业	100.7	101.0	100.6	100.4	100.3	100.3	100.3	100.3	100.3	100.4	100.4	100.4
以农产品为原料	100.7	101.0	100.5	100.3	100.3	100.3	100.4	100.4	100.4	100.5	100.5	100.5
以非农产品为原料	100.3	100.6	100.9	100.7	99.9	99.3	99.2	99.8	99.9	99.6	99.2	99.1
重工业	96.8	96.5	96.6	96.2	95.8	95.7	95.3	96.3	96.8	96.8	97.0	96.9
采掘工业	97.7	98.0	98.5	96.8	96.4	96.7	95.7	96.8	97.5	96.9	98.6	98.2
原料工业	97.3	96.6	96.7	96.4	96.2	95.9	95.5	96.6	97.0	97.3	97.5	97.5
加工工业	95.7	95.9	95.9	95.7	95.1	95.1	94.9	95.6	96.2	96.0	95.9	95.7
按生产生活资料分												
生产资料	96.7	96.4	96.5	96.1	95.8	95.6	95.3	96.2	96.7	96.8	97.0	96.9
采掘	97.7	98.0	98.5	96.8	96.4	96.7	95.7	96.8	97.5	96.9	98.6	98.2
原料	97.3	96.6	96.7	96.4	96.2	96.0	95.5	96.6	97.1	97.4	97.5	97.5
加工	95.4	95.7	95.8	95.5	94.9	94.9	94.9	95.5	96.1	96.0	95.9	95.7
生活资料	100.8	101.2	100.7	100.5	100.4	100.4	100.3	100.4	100.4	100.4	100.3	100.3
食品	100.9	101.2	100.7	100.5	100.4	100.5	100.4	100.4	100.5	100.5	100.5	100.5
衣着	102.2	101.1	102.1	102.7	101.8	102.0	101.3	102.3	102.3	101.9	102.2	100.9
一般日用品	100.5	100.7	100.8	100.6	100.0	99.4	98.7	99.2	99.4	98.8	98.4	98.3
耐用消费品	102.9	102.1	102.1	103.5	102.7	102.9	102.2	101.9	102.1	101.9	101.5	100.8
按初级中间最终产品分												
初级产品	97.7	98.0	98.5	96.8	96.4	96.7	95.7	96.9	97.5	97.0	98.6	98.2
中间产品	97.7	97.5	97.4	97.1	96.8	96.7	96.5	97.2	97.6	97.7	97.7	97.7
最终产品	100.1	100.2	100.4	100.2	100.3	99.7	99.4	99.4	99.3	99.4	99.4	99.5
按工业行业大、中类分(新行业)												
煤炭开采和洗选业	97.7	95.8	94.8	93.5	91.5	92.0	89.9	91.1	92.0	93.2	93.6	93.4
烟煤和无烟煤开采洗选	97.5	95.2	93.9	93.1	91.3	91.1	88.7	90.3	91.0	92.5	92.8	92.5
褐煤开采洗选	98.6	99.3	100.1	95.7	92.6	96.9	97.0	95.9	97.8	97.4	98.3	98.8
其他煤炭采选	104.6	104.6	102.7	101.5	100.0	100.0	100.0	100.0	100.0	100.0	100.0	100.0
石油和天然气开采业	100.0	100.0	100.0	100.0	100.0	100.0	100.0	100.0	100.0	100.0	100.0	100.0

2-21 续表 1

（上年同月价格=100）

指　　标	1月	2月	3月	4月	5月	6月	7月	8月	9月	10月	11月	12月
天然气开采	100.0	100.0	100.0	100.0	100.0	100.0	100.0	100.0	100.0	100.0	100.0	100.0
黑色金属矿采选业	97.4	97.5	100.9	100.2	100.6	100.6	98.2	100.0	100.8	100.7	102.9	101.7
铁矿采选	96.1	96.2	100.3	99.6	100.1	100.2	97.5	99.4	100.2	100.3	102.8	101.8
锰矿、铬矿采选	109.3	109.1	106.0	104.9	104.9	104.0	104.5	105.7	105.7	104.8	103.1	101.5
有色金属矿采选业	99.1	99.0	98.5	97.2	96.8	97.5	97.6	98.3	97.7	96.3	97.5	96.9
常用有色金属矿采选	99.1	99.1	98.7	97.2	96.9	97.7	97.7	98.2	97.9	96.5	97.8	97.3
贵金属矿采选	98.1	96.8	94.1	94.4	92.8	91.4	93.6	95.8	90.7	89.0	89.4	87.7
稀有稀土金属矿采选	100.5	101.6	102.5	102.8	101.8	103.5	109.4	110.3	112.1	105.7	104.3	101.7
非金属矿采选业	100.6	101.8	105.4	104.2	105.5	103.2	103.1	102.7	102.5	102.5	103.1	104.5
土砂石开采	97.8	97.8	99.0	98.4	99.6	100.0	99.9	99.9	99.9	99.9	99.9	100.3
化学矿开采	100.7	102.0	105.6	104.4	105.7	103.3	103.3	102.7	102.5	102.6	103.3	104.6
农副食品加工业	98.4	100.4	101.4	101.0	101.1	101.3	101.5	101.1	101.2	101.2	101.2	101.4
谷物磨制	104.6	102.5	102.0	100.8	101.0	101.2	101.3	101.0	101.2	102.1	101.8	101.9
饲料加工	101.8	102.1	103.0	102.5	102.0	102.1	102.5	100.9	101.2	101.0	101.5	102.3
植物油加工	103.3	103.4	105.5	105.2	106.2	105.3	106.9	105.1	105.4	106.2	106.3	103.8
制糖业	90.1	94.8	95.7	94.7	94.7	94.7	94.8	95.6	96.2	96.6	96.6	96.8
屠宰及肉类加工	101.5	104.7	106.1	107.5	108.5	107.7	108.9	110.0	107.6	107.3	106.9	106.5
水产品加工	103.4	103.4	103.4	104.7	103.3	103.3	104.7	106.0	103.9	105.9	105.9	105.9
蔬菜、水果和坚果加工	102.1	102.3	103.2	103.0	102.9	105.0	104.4	104.0	103.7	104.5	104.3	106.0
其他农副食品加工	113.1	111.6	111.4	113.4	114.3	115.5	113.9	111.4	110.7	106.7	105.8	105.7
食品制造业	100.9	102.3	101.4	100.8	100.3	100.5	101.2	101.6	102.1	103.1	103.8	103.5
焙烤食品制造	102.8	102.3	102.3	102.3	102.3	102.2	102.2	102.2	101.7	101.7	101.7	101.9
糖果、巧克力及蜜饯制造	102.1	101.1	100.8	103.1	99.7	100.0	99.6	99.8	98.0	99.7	99.7	100.8
方便食品制造	98.8	99.9	100.4	100.3	101.2	101.7	101.5	102.1	102.3	102.6	102.8	102.8
乳制品制造	107.2	108.0	105.2	103.4	102.1	101.9	101.4	103.3	103.3	105.9	108.7	107.1
罐头食品制造	99.1	101.9	101.9	100.0	101.8	102.0	102.1	102.1	102.1	102.1	102.1	102.1
调味品、发酵制品制造	100.6	100.7	102.4	103.0	103.3	103.9	104.6	105.0	105.1	105.6	104.8	104.7
其他食品制造	97.1	99.9	98.7	98.3	97.3	97.6	99.6	99.3	100.5	101.2	101.5	101.6
酒、饮料和精制茶制造业	103.7	103.1	102.9	102.5	102.6	102.6	102.4	102.3	102.3	102.5	102.4	102.2

2-21 续表 2

(上年同月价格=100)

指　　标	1月	2月	3月	4月	5月	6月	7月	8月	9月	10月	11月	12月
酒的制造	100.7	100.3	99.8	100.0	100.0	99.9	100.0	99.9	100.0	100.1	100.0	99.8
饮料制造	100.1	100.4	100.7	101.0	101.1	101.0	100.6	100.5	100.2	100.4	102.4	102.0
精制茶加工	110.0	108.5	108.3	106.4	106.6	106.9	106.6	106.4	106.5	106.7	105.1	105.1
烟草制品业	100.9	100.9	100.1	100.0	100.0	100.0	100.0	100.0	100.0	100.1	100.1	100.1
烟叶复烤	100.7	100.0	100.0	100.0	100.0	100.0	100.0	100.6	100.6	101.8	101.8	101.8
卷烟制造	101.0	101.0	100.1	100.0	100.0	100.0	100.0	100.0	100.0	100.0	100.0	100.0
其他烟草制品制造	101.8	102.3	103.4	100.6	100.5	99.5	99.6	100.1	101.0	100.8	100.4	100.4
纺织业	103.5	104.2	103.5	103.6	102.9	102.7	103.0	102.7	101.7	101.6	101.1	99.8
棉纺织及印染精加工	99.7	101.0	101.2	100.8	100.6	99.8	100.0	99.6	99.9	100.0	99.8	98.1
麻纺织及染整精加工	97.4	97.1	99.6	99.6	99.5	100.2	100.7	101.4	100.6	101.9	101.4	98.9
丝绢纺织及印染精加工	108.0	108.3	106.4	106.8	105.6	105.8	106.2	105.8	103.8	103.4	102.5	101.4
针织或钩针编织物及其制品制造	100.0	100.0	100.0	100.0	100.0	100.0	99.3	99.3	99.3	99.3	99.3	99.3
家用纺织制成品制造	96.7	96.5	97.5	98.5	98.5	99.1	99.1	98.6	98.1	98.6	98.6	98.1
非家用纺织制成品制造	91.5	91.5	90.1	91.3	92.3	93.6	94.9	93.6	92.4	91.1	91.0	92.1
纺织服装、服饰业	102.1	101.1	102.4	102.4	102.5	101.2	101.2	101.2	101.0	101.0	100.9	100.2
机织服装制造	102.1	101.1	102.4	102.4	102.5	101.2	101.2	101.2	101.0	101.0	100.9	100.2
皮革、毛皮、羽毛及其制品和制鞋业	102.9	101.4	102.4	103.7	101.5	103.4	102.1	104.4	104.6	103.7	104.3	102.1
羽毛(绒)加工及制品制造	100.0	100.0	100.0	100.0	100.0	100.0	100.0	100.0	100.0	100.0	100.0	100.0
制鞋业	103.0	101.5	102.6	103.9	101.6	103.6	102.2	104.7	104.9	103.9	104.5	102.2
木材加工和木、竹、藤、棕、草制品业	104.0	103.6	102.8	102.4	101.9	102.5	102.0	102.0	102.6	102.1	101.6	101.2
木材加工	100.2	102.2	101.7	101.6	101.4	102.2	101.3	101.5	102.3	102.9	103.5	103.8
人造板制造	100.6	100.5	100.0	99.9	100.6	101.2	100.8	100.6	101.8	101.4	101.1	101.0
木制品制造	116.1	113.5	111.6	110.3	105.9	106.3	105.7	106.3	104.8	103.8	102.5	101.1
家具制造业	100.0	100.0	100.0	100.0	99.9	100.0	100.0	100.0	100.0	100.0	100.0	100.0
金属家具制造	100.0	100.0	100.0	100.0	99.5	100.0	100.0	100.0	100.0	100.0	100.0	100.0
其他家具制造	100.0	100.0	100.0	100.0	100.0	100.0	100.0	100.0	100.0	100.0	100.0	100.0
造纸和纸制品业	98.3	99.2	98.7	97.6	97.8	97.9	97.7	98.4	98.6	98.4	98.7	98.8
纸浆制造	101.7	100.8	99.1	96.6	97.2	97.3	96.4	97.4	96.4	96.6	99.1	99.0
造纸	96.7	98.2	97.7	96.5	97.0	97.2	97.1	98.1	98.8	98.3	98.3	98.4

2-21 续表 3

（上年同月价格=100）

指 标	1月	2月	3月	4月	5月	6月	7月	3月	9月	10月	11月	12月
纸制品制造	100.6	100.7	100.6	100.5	100.1	99.9	99.8	99.7	99.5	99.6	99.5	99.5
印刷和记录媒介复制业	100.0	100.0	101.4	101.2	100.0	98.3	98.2	99.9	99.8	97.9	97.4	97.2
印刷	100.0	99.9	101.4	101.2	99.9	98.3	98.2	99.9	99.8	97.9	97.3	97.2
装订及印刷相关服务	104.7	107.2	105.5	106.0	103.6	102.2	100.1	101.5	99.5	98.7	99.8	100.3
文教、工美、体育和娱乐用品制造业	99.7	100.2	99.5	101.4	101.1	101.7	98.6	98.5	99.6	100.2	98.6	97.7
文教办公用品制造	100.0	100.0	100.0	100.0	100.0	100.0	100.0	100.0	100.0	100.0	100.0	100.0
工艺美术品制造	99.7	100.2	99.5	101.4	101.1	101.7	98.5	98.4	99.6	100.2	98.6	97.7
石油加工、炼焦和核燃料加工业	92.9	93.5	92.9	91.2	89.5	87.9	87.5	89.2	93.4	96.6	94.3	95.5
精炼石油产品制造	111.0	107.9	103.9	100.0	100.0	100.0	100.0	100.0	100.0	100.0	100.0	100.0
炼焦	92.8	93.4	92.8	91.2	89.5	87.8	87.5	89.2	93.4	96.6	94.2	95.5
化学原料和化学制品制造业	93.9	93.4	93.9	94.0	92.8	92.7	93.0	92.3	92.0	93.1	93.9	94.2
基础化学原料制造	93.3	92.3	92.8	94.7	91.9	93.9	94.2	93.3	94.5	95.3	95.8	95.6
肥料制造	92.4	92.7	93.5	92.7	91.9	90.2	90.3	88.9	87.1	88.4	89.7	90.3
农药制造	101.4	97.4	97.4	97.4	97.6	97.1	97.1	96.8	96.3	95.0	97.7	97.7
涂料、油墨、颜料及类似产品制造	96.7	97.7	95.6	95.8	96.7	97.2	97.9	97.8	96.8	98.8	98.9	99.3
合成材料制造	94.3	91.2	90.8	90.8	91.6	93.0	95.5	96.7	99.2	98.2	97.0	98.5
专用化学产品制造	106.6	102.0	102.3	100.2	101.4	102.1	104.6	107.3	110.5	112.8	112.1	110.5
炸药、火工及焰火产品制造	99.9	99.8	99.8	99.8	99.8	99.7	99.8	99.5	99.8	99.3	99.3	99.4
日用化学产品制造	100.5	100.2	100.1	100.1	100.1	100.0	99.8	99.7	99.8	99.9	100.1	100.0
医药制造业	102.0	102.2	101.8	101.6	101.4	101.6	100.3	100.3	100.5	99.9	99.7	99.9
化学药品原料药制造	98.6	98.5	98.2	97.2	96.7	97.1	97.2	97.8	99.0	99.0	99.4	99.4
化学药品制剂制造	103.5	102.9	101.8	101.8	102.1	102.1	99.6	99.1	98.9	98.8	98.8	98.9
中药饮片加工	100.0	104.3	104.2	104.1	103.7	103.8	101.9	103.3	103.7	103.9	103.9	105.3
中成药生产	102.6	102.1	102.0	101.7	101.4	101.7	100.8	100.5	100.8	99.9	99.6	99.6
兽用药品制造	101.2	101.2	101.2	101.2	101.2	101.2	101.2	101.2	102.1	102.1	102.1	102.1
生物药品制造	95.0	98.1	97.8	96.8	96.0	96.0	98.1	98.9	99.2	98.2	95.5	96.2
卫生材料及医药用品制造	100.0	100.0	100.0	100.0	100.0	100.0	100.0	100.0	100.0	100.0	100.0	100.0
化学纤维制造业	103.2	100.2	100.2	100.2	100.0	100.0	100.0	100.0	100.0	100.0	100.0	100.0
纤维素纤维原料及纤维制造	103.2	100.2	100.2	100.2	100.0	100.0	100.0	100.0	100.0	100.0	100.0	100.0

2-21 续表 4

(上年同月价格=100)

指　　标	1月	2月	3月	4月	5月	6月	7月	8月	9月	10月	11月	12月
橡胶和塑料制品业	99.7	100.9	101.8	101.5	102.1	102.0	101.3	101.1	100.3	100.2	101.2	101.9
橡胶制品业	103.2	103.2	103.0	102.8	102.7	102.7	102.6	102.5	102.5	102.5	102.3	100.0
塑料制品业	99.4	100.7	101.6	101.4	102.1	101.9	101.2	100.9	100.1	100.0	101.1	102.1
非金属矿物制品业	97.2	96.7	95.7	96.3	95.6	94.5	94.7	96.0	96.3	97.5	96.9	95.4
水泥、石灰和石膏制造	96.0	95.3	94.2	94.8	94.0	92.6	92.7	94.5	94.9	96.3	95.5	93.5
石膏、水泥制品及类似制品制造	99.3	100.0	101.2	102.5	102.5	102.9	103.2	102.8	102.3	102.8	102.6	102.4
砖瓦、石材等建筑材料制造	103.8	102.1	102.8	101.5	98.3	97.1	97.7	99.3	98.5	98.9	99.9	101.8
玻璃制造	103.7	102.6	102.9	104.4	104.2	101.9	102.9	101.5	102.9	101.9	100.8	100.8
玻璃制品制造	101.7	102.9	100.5	100.9	101.0	100.0	99.7	98.5	98.2	97.9	98.3	97.6
玻璃纤维和玻璃纤维增强塑料制品制造	100.0	100.0	100.0	100.0	100.0	100.0	100.0	100.0	100.0	100.0	100.0	100.0
陶瓷制品制造	99.5	99.1	99.8	101.3	101.6	102.6	100.6	101.2	99.3	102.5	103.4	103.0
耐火材料制品制造	105.3	103.9	99.4	98.9	97.7	96.8	97.9	97.4	99.7	99.4	99.2	98.5
石墨及其他非金属矿物制品制造	99.6	97.5	96.1	96.0	95.8	95.8	97.1	98.2	98.3	98.9	99.0	99.8
黑色金属冶炼和压延加工业	89.9	91.2	91.9	91.5	90.5	91.7	92.0	94.6	97.7	97.0	95.9	95.6
炼铁	89.6	90.8	89.6	87.8	88.9	88.5	89.7	93.3	99.1	100.3	99.1	97.7
炼钢	91.9	94.9	99.2	98.9	98.3	98.4	99.0	99.3	99.8	99.8	99.6	99.9
黑色金属铸造	101.4	100.9	101.0	100.9	101.4	101.7	101.2	101.4	101.5	101.9	101.3	101.5
钢压延加工	88.4	89.0	89.1	89.3	87.4	89.7	89.5	92.8	96.2	94.6	92.9	92.5
铁合金冶炼	93.3	95.5	96.1	95.0	94.6	93.5	94.8	97.0	98.1	97.3	97.8	98.9
有色金属冶炼和压延加工业	97.9	95.9	94.7	93.7	93.8	94.6	94.2	96.0	94.5	93.9	95.2	94.4
常用有色金属冶炼	97.9	95.7	94.6	93.5	93.7	94.6	94.3	96.3	94.6	94.1	95.5	94.6
贵金属冶炼	101.8	99.1	93.8	93.4	89.8	88.1	83.6	85.9	84.2	79.6	79.7	78.2
稀有稀土金属冶炼	96.3	95.3	99.4	99.8	102.5	105.7	109.2	110.5	112.7	111.0	111.5	109.7
有色金属合金制造	98.5	93.5	95.0	94.4	95.8	95.1	99.0	98.1	97.1	98.1	98.6	100.4
有色金属铸造	91.7	92.9	96.6	95.2	94.9	96.9	97.1	97.4	103.3	103.6	102.8	104.4
有色金属压延加工	96.6	96.2	95.2	95.2	95.9	97.2	95.7	96.0	96.2	96.0	97.4	97.0
金属制品业	98.2	99.5	97.3	97.1	97.1	97.2	98.2	98.3	100.0	99.4	98.9	98.7
结构性金属制品制造	98.6	100.5	96.9	97.1	96.5	96.6	98.6	98.6	100.9	99.9	99.0	98.7
金属工具制造	100.0	100.0	100.0	100.0	102.1	100.0	96.9	96.9	96.9	96.9	96.9	96.9

2-21 续表 5

（上年同月价格=100）

指标	1月	2月	3月	4月	5月	6月	7月	8月	9月	10月	11月	12月
集装箱及金属包装容器制造	99.8	99.7	99.8	98.1	99.0	99.3	101.6	100.6	100.3	100.7	100.7	101.9
金属丝绳及其制品制造	96.4	98.6	98.2	97.2	98.1	98.1	94.4	96.2	97.8	97.0	96.3	95.6
建筑、安全用金属制品制造	99.5	99.6	99.6	99.7	99.5	99.6	99.6	100.0	99.9	99.7	99.7	99.7
其他金属制品制造	94.2	94.6	94.0	93.3	94.1	95.5	95.5	95.8	98.1	98.1	98.2	98.2
通用设备制造业	101.4	99.4	99.6	100.3	101.4	99.8	100.4	99.5	100.1	98.4	98.3	99.9
锅炉及原动设备制造	94.8	95.2	94.9	95.3	97.8	98.1	98.1	98.7	98.7	101.2	101.0	100.9
金属加工机械制造	102.7	100.1	100.8	102.3	103.4	100.4	101.4	100.0	100.4	97.9	97.8	100.0
物料搬运设备制造	98.4	98.7	99.0	98.8	98.9	99.2	99.5	99.5	99.9	99.7	99.9	99.9
泵、阀门、压缩机及类似机械制造	97.6	97.2	97.4	97.9	98.9	100.2	100.3	100.5	102.2	101.5	103.4	101.3
轴承、齿轮和传动部件制造	99.4	100.3	99.1	101.6	99.4	101.3	101.3	101.6	100.0	100.0	101.1	98.5
烘炉、风机、衡器、包装等设备制造	105.1	102.1	102.5	102.3	100.0	99.9	100.1	100.0	99.2	100.0	100.0	99.6
文化、办公用机械制造	100.0	100.0	100.0	100.0	100.0	100.0	100.0	100.0	100.0	100.0	100.0	100.0
通用零部件制造	98.5	96.9	94.5	91.4	92.7	96.5	95.8	96.4	97.8	98.2	98.0	98.4
其他通用设备制造业	100.0	100.0	100.0	100.0	100.0	100.0	100.0	100.0	100.0	100.0	100.0	100.0
专用设备制造业	100.6	100.9	101.0	100.3	100.8	100.4	100.3	100.6	100.6	99.9	99.9	99.9
采矿、冶金、建筑专用设备制造	99.9	100.7	100.6	99.6	100.0	98.6	97.8	99.3	99.0	99.3	99.1	99.1
化工、木材、非金属加工专用设备制造	99.0	98.5	98.8	98.3	97.7	97.7	98.4	98.2	98.2	98.2	98.2	98.2
食品、饮料、烟草及饲料生产专用设备制造	102.2	102.2	102.1	102.2	102.1	102.2	102.1	102.2	102.2	100.3	100.1	100.1
印刷、制药、日化及日用品生产专用设备制造	100.0	100.0	100.0	100.0	100.0	100.0	100.0	100.0	100.0	100.0	100.0	100.0
电子和电工机械专用设备制造	100.0	100.0	100.0	100.0	100.0	100.0	100.0	100.0	100.0	100.0	100.0	100.0
农、林、牧、渔专用机械制造	100.1	100.1	100.5	99.3	100.3	100.3	100.4	100.3	100.4	99.9	100.1	100.2
环保、社会公共服务及其他专用设备制造	100.2	100.1	100.0	102.3	102.4	102.5	102.4	102.4	102.3	102.3	102.3	102.3
汽车制造业	100.6	101.6	101.9	101.0	101.7	101.1	100.8	100.3	101.1	102.6	101.3	100.0
汽车整车制造	100.6	101.8	102.2	100.9	102.1	101.1	100.7	100.1	101.1	102.9	101.3	99.8
汽车车身、挂车制造	100.0	100.0	100.0	100.0	100.0	100.0	100.0	100.0	100.0	100.0	100.0	100.0
汽车零部件及配件制造	100.5	100.9	100.4	101.2	100.2	101.2	101.3	101.6	101.1	101.3	101.2	101.3
铁路、船舶、航空航天和其他运输设备制造业	102.6	104.4	104.4	101.8	102.7	101.8	102.7	102.7	102.7	98.6	98.2	98.2
铁路运输设备制造	102.6	104.4	104.4	101.8	102.7	101.8	102.7	102.7	102.7	98.6	98.2	98.2
电气机械和器材制造业	100.9	100.0	99.9	98.8	98.9	98.6	97.4	98.5	98.5	97.4	97.7	97.0

2-21 续表 6

(上年同月价格=100)

指　标	1月	2月	3月	4月	5月	6月	7月	8月	9月	10月	11月	12月
电机制造	96.1	96.1	96.1	96.4	96.6	96.7	97.1	99.7	100.0	99.8	99.9	99.8
输配电及控制设备制造	100.2	100.7	101.8	100.4	101.8	99.9	98.8	98.8	99.4	96.9	96.8	95.8
电线、电缆、光缆及电工器材制造	102.0	99.1	97.7	96.1	95.4	96.6	94.6	97.0	96.2	96.2	97.2	96.5
电池制造	101.8	101.7	102.3	102.0	99.9	99.9	99.9	100.0	100.0	99.9	99.8	99.8
非电力家用器具制造	104.2	103.0	103.1	105.1	104.0	104.2	103.2	102.8	103.0	102.8	102.2	101.1
计算机、通信和其他电子设备制造业	96.8	95.7	95.7	95.8	95.5	96.0	98.0	100.0	100.7	100.7	98.9	96.7
计算机制造	96.4	94.6	94.5	94.3	93.9	94.5	97.3	100.0	101.0	101.0	98.5	95.4
通信设备制造	100.0	100.0	100.0	100.0	100.0	100.0	100.0	100.0	100.0	100.0	100.0	100.0
电子元件制造	94.6	97.2	97.5	100.4	100.0	100.0	100.0	100.0	100.0	100.0	100.0	100.0
其他电子设备制造	100.0	100.0	100.0	100.0	100.0	100.0	100.0	100.0	100.0	100.0	100.0	100.0
仪器仪表制造业	99.1	100.5	100.4	100.1	100.1	100.1	100.1	100.1	100.1	100.1	100.2	100.2
通用仪器仪表制造	100.9	101.0	100.9	100.9	100.9	100.9	100.8	100.7	100.7	100.7	101.3	101.3
专用仪器仪表制造	100.0	100.0	100.0	100.0	100.0	100.0	100.0	100.0	100.0	100.0	100.0	100.0
光学仪器及眼镜制造	98.8	100.4	100.4	100.0	100.0	100.0	100.0	100.0	100.0	100.0	100.0	100.0
其他制造业	100.0	99.8	99.8	99.9	98.8	97.8	97.7	97.7	97.7	97.9	98.1	97.9
日用杂品制造	99.8	99.2	99.2	99.3	99.3	99.9	99.4	99.5	99.5	100.1	101.3	100.1
其他未列明制造业	100.0	100.0	100.0	100.0	98.6	97.3	97.3	97.3	97.3	97.3	97.3	97.3
废弃资源综合利用业	100.0	100.0	100.0	100.0	100.0	100.0	100.0	100.0	100.0	100.0	100.0	100.0
金属废料和碎屑加工处理	100.0	100.0	100.0	100.0	100.0	100.0	100.0	100.0	100.0	100.0	100.0	100.0
金属制品、机械和设备修理业	100.8	100.8	100.4	100.4	100.0	100.0	100.0	100.0	100.0	100.0	100.0	100.0
金属制品修理	100.0	100.0	100.0	100.0	100.0	100.0	100.0	100.0	100.0	100.0	100.0	100.0
专用设备修理	100.0	100.0	100.0	100.0	100.0	100.0	100.0	100.0	100.0	100.0	100.0	100.0
电气设备修理	105.3	105.3	102.4	102.4	100.0	100.0	100.0	100.0	100.0	100.0	100.0	100.0
电力、热力生产和供应业	99.6	99.5	99.5	99.9	100.4	99.0	98.0	98.4	98.5	98.5	98.7	99.4
电力生产	98.8	98.8	98.9	98.6	98.8	97.8	97.2	98.4	98.7	98.6	101.0	102.4
电力供应	100.0	99.9	99.9	100.6	101.3	99.8	98.6	98.4	98.5	98.6	97.5	97.8
燃气生产和供应业	100.0	100.0	135.9	136.1	136.1	136.1	136.2	136.1	135.9	136.0	136.0	136.1
水的生产和供应业	105.0	106.9	106.3	104.8	103.8	102.6	102.2	102.2	102.2	102.3	102.2	102.2
自来水生产和供应	105.0	106.9	106.4	104.8	103.8	102.7	102.0	102.0	102.0	102.2	102.0	102.1
污水处理及其再生利用	100.0	100.0	100.0	100.0	100.0	100.0	137.5	137.5	137.5	137.5	137.5	137.5

2-22 分月工业生产者出厂价格指数（2013年，环比）

（上月价格=100）

指　标	1月	2月	3月	4月	5月	6月	7月	8月	9月	10月	11月	12月
工业生产者出厂价格指数	**100.4**	**100.3**	**100.0**	**99.5**	**99.3**	**98.5**	**99.0**	**99.8**	**100.1**	**100.1**	**100.2**	**100.7**
按轻重工业分												
轻工业	100.0	100.0	100.1	100.0	100.0	100.0	100.0	100.1	100.0	100.1	100.0	100.0
以农产品为原料	100.0	100.0	100.1	100.0	100.1	100.0	100.0	100.1	100.0	100.1	100.1	100.0
以非农产品为原料	100.1	100.5	99.9	100.0	99.1	100.0	99.7	99.9	100.1	100.2	99.5	99.9
重工业	100.6	100.4	100.0	99.4	99.0	98.0	98.6	99.7	100.1	100.1	100.2	101.0
采掘工业	99.7	100.6	100.7	99.1	99.8	99.2	98.8	99.7	99.8	99.8	100.8	100.0
原料工业	101.2	100.7	99.9	99.3	98.5	97.1	98.3	99.9	100.4	100.2	100.4	101.8
加工工业	99.8	99.8	100.0	99.5	99.6	99.1	99.0	99.5	99.7	99.9	99.8	99.9
按生产生活资料分												
生产资料	100.6	100.4	100.0	99.4	99.0	98.0	98.6	99.7	100.1	100.1	100.2	101.0
采掘	99.7	100.6	100.7	99.1	99.8	99.2	98.8	99.7	99.8	99.8	100.8	100.0
原料	101.2	100.7	99.9	99.3	98.5	97.1	98.3	99.9	100.3	100.2	100.4	101.8
加工	99.7	99.8	100.0	99.5	99.6	99.1	99.0	99.5	99.7	100.0	99.8	99.9
生活资料	100.1	100.0	100.0	100.0	100.0	100.0	100.0	100.1	100.0	100.1	100.0	100.0
食品	100.0	100.0	100.1	100.0	100.1	100.0	100.0	100.1	100.0	100.1	100.1	100.0
衣着	100.1	99.6	100.4	101.3	99.7	100.3	100.1	100.3	99.9	99.3	100.4	99.5
一般日用品	100.3	100.1	99.6	100.0	99.0	100.0	99.4	100.0	100.2	100.2	99.4	100.0
耐用消费品	100.4	100.3	100.0	100.0	99.8	100.1	100.0	100.0	100.0	100.1	100.0	99.9
按初级中间最终产品分												
初级产品	99.7	100.6	100.7	99.1	99.8	99.2	98.8	99.7	99.8	99.8	100.8	100.0
中间产品	100.5	100.3	99.9	99.5	99.2	98.4	98.9	99.8	100.1	100.1	100.1	100.8
最终产品	100.6	100.2	100.3	99.9	99.5	98.3	99.4	99.8	99.9	100.0	100.4	101.2
按工业行业大、中类分(新行业)												
煤炭开采和洗选业	101.5	100.0	100.4	100.0	97.8	98.7	96.4	98.7	97.6	100.6	101.1	100.5
烟煤和无烟煤开采洗选	101.8	99.9	100.3	100.2	97.8	98.2	96.1	98.5	97.2	100.9	101.1	100.5
褐煤开采洗选	100.0	100.9	101.1	99.0	98.3	101.8	98.1	99.7	99.5	98.9	100.9	100.7
其他煤炭采选	100.0	100.0	100.0	100.0	100.0	100.0	100.0	100.0	100.0	100.0	100.0	100.0
石油和天然气开采业	100.0	100.0	100.0	100.0	100.0	100.0	100.0	100.0	100.0	100.0	100.0	100.0

2-22 续表 1

(上月价格=100)

指标	1月	2月	3月	4月	5月	6月	7月	8月	9月	10月	11月	12月
天然气开采	100.0	100.0	100.0	100.0	100.0	100.0	100.0	100.0	100.0	100.0	100.0	100.0
黑色金属矿采选业	100.3	101.1	103.1	100.1	100.2	98.6	98.7	98.9	99.3	100.2	101.9	99.3
铁矿采选	100.1	101.2	103.6	99.9	100.2	98.5	98.5	98.9	99.2	100.2	102.3	99.2
锰矿、铬矿采选	101.8	100.6	98.6	101.6	100.0	100.0	101.5	99.5	100.0	99.8	98.4	100.0
有色金属矿采选业	100.0	100.4	99.5	98.6	99.3	99.5	99.7	100.2	100.4	99.5	100.2	99.6
常用有色金属矿采选	100.1	100.4	99.5	98.7	99.3	99.5	99.7	100.1	100.4	99.6	100.3	99.7
贵金属矿采选	98.1	101.0	98.7	97.1	98.9	98.3	98.0	102.2	99.5	98.2	98.7	98.4
稀有稀土金属矿采选	99.1	100.8	100.0	100.0	99.1	102.6	102.3	100.7	102.1	98.1	99.5	97.5
非金属矿采选业	100.0	100.8	100.5	98.5	101.5	100.3	100.0	100.6	100.2	100.2	100.6	101.3
土砂石开采	100.3	100.0	100.0	99.5	100.7	100.0	99.9	100.0	100.0	100.0	100.0	100.0
化学矿开采	100.0	100.8	100.5	98.4	101.5	100.3	100.0	100.6	100.2	100.2	100.6	101.4
农副食品加工业	100.0	99.8	100.6	99.8	100.2	100.1	100.3	100.2	100.0	100.3	100.1	100.0
谷物磨制	99.4	100.2	100.2	99.8	100.1	100.2	100.2	99.7	100.5	101.2	100.3	100.1
饲料加工	99.7	100.1	101.0	100.1	100.1	100.1	100.4	100.0	100.1	100.4	100.2	100.0
植物油加工	101.1	100.0	101.8	100.5	100.0	99.4	101.4	100.0	100.2	100.7	100.2	98.4
制糖业	99.1	99.1	99.8	99.4	99.9	99.6	99.7	100.0	99.8	100.2	100.2	100.0
屠宰及肉类加工	101.1	101.7	101.3	98.5	99.8	99.9	100.3	102.2	100.6	100.6	100.3	100.2
水产品加工	100.0	100.0	100.0	101.3	100.0	100.0	101.3	101.3	100.0	101.9	100.0	100.0
蔬菜、水果和坚果加工	102.2	99.4	101.0	99.7	101.5	101.9	100.2	100.0	99.5	100.0	99.4	101.2
其他农副食品加工	100.6	100.0	100.6	101.2	100.9	100.8	101.2	99.9	99.9	100.1	100.3	100.1
食品制造业	100.4	100.6	100.0	99.8	100.2	100.0	100.0	100.4	100.4	100.8	100.5	100.2
焙烤食品制造	100.1	100.6	100.5	100.0	100.0	100.0	100.0	100.0	100.1	100.3	100.0	100.1
糖果、巧克力及蜜饯制造	100.0	100.0	100.0	100.0	98.9	100.2	100.0	100.1	99.2	100.8	100.0	101.7
方便食品制造	101.8	100.3	100.1	99.6	100.2	99.7	99.9	100.4	100.2	100.4	100.1	100.1
乳制品制造	100.4	100.3	99.4	99.6	100.4	100.2	99.4	101.8	100.9	101.9	102.3	100.3
罐头食品制造	100.0	100.0	100.0	100.0	101.8	100.2	100.0	100.0	100.0	100.0	100.0	100.0
调味品、发酵制品制造	100.3	99.7	101.4	100.5	100.3	100.3	100.9	100.2	100.7	100.4	100.0	99.9
其他食品制造	100.0	101.3	100.0	99.9	99.8	99.9	100.1	99.8	100.3	100.5	99.8	100.2
酒、饮料和精制茶制造业	100.1	100.1	100.0	100.4	100.2	100.2	100.1	100.0	100.1	100.3	100.6	100.1

2-22 续表 2

(上月价格=100)

指 标	1月	2月	3月	4月	5月	6月	7月	8月	9月	10月	11月	12月
酒的制造	100.0	99.7	99.9	100.0	100.1	100.1	100.0	100.0	100.1	100.1	99.9	100.0
饮料制造	100.1	100.2	99.8	100.1	100.1	99.9	99.9	100.0	100.0	100.0	102.0	99.9
精制茶加工	100.2	100.5	100.2	101.2	100.4	100.6	100.4	100.0	100.1	100.7	100.2	100.3
烟草制品业	100.0	100.0	100.0	100.0	100.0	100.0	100.0	100.0	100.0	100.1	100.0	100.0
烟叶复烤	100.0	100.0	100.0	100.0	100.0	100.0	100.0	100.6	100.0	101.2	100.0	100.0
卷烟制造	100.0	100.0	100.0	100.0	100.0	100.0	100.0	100.0	100.0	100.0	100.0	100.0
其他烟草制品制造	101.1	99.9	100.2	98.7	100.6	99.7	100.0	100.0	100.9	99.7	99.7	100.0
纺织业	100.4	100.5	100.2	99.8	100.0	100.2	99.9	99.8	99.3	100.1	100.2	99.5
棉纺织及印染精加工	100.4	100.5	100.4	99.5	99.7	99.5	99.2	99.3	100.1	99.7	100.0	99.7
麻纺织及染整精加工	100.0	99.7	101.3	100.0	98.6	100.7	100.0	100.7	100.0	99.3	99.3	99.3
丝绢纺织及印染精加工	100.4	100.6	100.0	100.1	100.4	100.6	100.4	100.2	98.5	100.4	100.4	99.4
针织或钩针编织物及其制品制造	100.0	100.0	100.0	100.0	100.0	100.0	99.3	100.0	100.0	100.0	100.0	100.0
家用纺织制成品制造	100.7	100.0	99.5	99.5	100.0	100.0	100.5	99.5	99.5	99.5	100.0	99.5
非家用纺织制成品制造	98.7	100.0	97.3	100.0	98.6	101.4	101.4	98.6	100.0	98.6	98.6	98.6
纺织服装、服饰业	100.6	99.0	101.3	100.0	100.2	100.1	100.0	100.0	99.8	100.0	100.0	99.3
机织服装制造	100.6	99.0	101.3	100.0	100.2	100.1	100.0	100.0	99.8	100.0	100.0	99.3
皮革、毛皮、羽毛及其制品和制鞋业	99.5	100.1	99.5	103.1	99.1	100.7	100.6	100.6	100.0	98.3	101.0	99.7
羽毛(绒)加工及制品制造	100.0	100.0	100.0	100.0	100.0	100.0	100.0	100.0	100.0	100.0	100.0	100.0
制鞋业	99.4	100.1	99.5	103.2	99.1	100.7	100.6	100.7	100.0	98.3	101.0	99.7
木材加工和木、竹、藤、棕、草制品业	100.6	100.0	99.2	100.3	100.0	100.3	99.5	100.2	100.6	100.1	100.0	100.4
木材加工	99.8	100.3	99.5	99.7	100.9	100.3	100.3	99.9	101.1	100.0	101.0	101.1
人造板制造	100.3	100.0	99.3	100.2	100.2	100.2	99.5	100.3	100.5	100.1	99.9	100.5
木制品制造	101.9	99.9	98.7	101.0	99.2	100.4	99.4	99.8	100.7	100.2	99.8	100.0
家具制造业	100.0	100.0	100.0	100.0	100.0	100.0	100.0	100.0	100.0	100.0	100.0	100.0
金属家具制造	100.0	100.0	100.0	100.0	100.0	100.0	100.0	100.0	100.0	100.0	100.0	100.0
其他家具制造	100.0	100.0	100.0	100.0	100.0	100.0	100.0	100.0	100.0	100.0	100.0	100.0
造纸和纸制品业	99.3	100.3	99.9	99.8	99.9	99.7	99.8	99.8	100.1	99.8	100.0	100.3
纸浆制造	98.4	101.8	101.5	100.2	97.5	98.2	100.4	99.4	100.7	99.9	101.2	99.9
造纸	99.2	100.2	99.5	99.6	100.7	99.9	99.6	99.9	100.1	99.5	99.8	100.5

2-22 续表 3

(上月价格=100)

指　　标	1月	2月	3月	4月	5月	6月	7月	8月	9月	10月	11月	12月
纸制品制造	100.0	99.9	99.9	100.1	99.6	100.1	100.0	99.8	99.9	100.2	99.8	100.1
印刷和记录媒介复制业	100.0	100.0	99.9	100.1	98.0	100.0	100.0	100.0	100.1	99.9	99.4	99.9
印刷	100.0	100.0	99.9	100.1	98.0	100.0	99.9	100.0	100.1	99.9	99.3	99.9
装订及印刷相关服务	98.2	101.3	100.0	100.2	100.0	100.0	100.0	101.3	98.1	98.8	101.1	101.4
文教、工美、体育和娱乐用品制造业	100.0	101.3	99.4	100.3	99.1	100.6	96.9	99.9	102.1	100.6	98.4	99.1
文教办公用品制造	100.0	100.0	100.0	100.0	100.0	100.0	100.0	100.0	100.0	100.0	100.0	100.0
工艺美术品制造	100.0	101.3	99.4	100.3	99.1	100.6	96.9	99.9	102.1	100.6	98.4	99.1
石油加工、炼焦和核燃料加工业	101.9	101.8	100.4	99.0	96.7	98.5	97.0	98.5	100.0	100.5	99.6	101.7
精炼石油产品制造	100.0	100.0	100.0	100.0	100.0	100.0	100.0	100.0	100.0	100.0	100.0	100.0
炼焦	101.9	101.8	100.4	99.0	96.7	98.5	97.0	98.5	100.0	100.6	99.6	101.7
化学原料和化学制品制造业	99.6	99.7	100.6	99.5	99.4	98.8	98.8	98.4	99.1	100.2	99.8	100.2
基础化学原料制造	99.5	100.0	100.4	100.1	98.9	99.0	97.7	98.6	100.5	100.3	99.9	100.6
肥料制造	99.6	99.8	101.0	99.1	99.2	98.2	98.8	97.5	97.3	99.8	99.7	100.0
农药制造	100.0	98.2	100.0	100.0	98.3	100.0	100.0	99.7	100.0	99.7	101.8	100.0
涂料、油墨、颜料及类似产品制造	100.3	100.4	98.7	101.0	99.8	99.7	100.7	99.3	99.0	100.3	99.7	100.2
合成材料制造	99.1	98.3	99.5	98.2	100.9	99.9	101.1	100.0	101.4	100.2	99.2	100.9
专用化学产品制造	100.5	98.6	100.0	99.7	101.3	99.9	101.1	102.5	103.7	103.2	100.4	99.2
炸药、火工及焰火产品制造	99.8	99.9	100.0	100.0	100.0	99.9	100.0	99.8	100.0	100.0	100.0	100.0
日用化学产品制造	100.0	100.0	100.0	100.0	99.9	100.1	99.9	100.0	100.1	100.1	100.1	99.9
医药制造业	100.2	99.8	99.8	100.1	100.1	100.1	99.5	100.3	100.2	99.5	100.0	100.3
化学药品原料药制造	100.4	100.2	99.9	99.3	99.8	100.4	99.0	100.0	101.3	100.0	99.1	100.0
化学药品制剂制造	100.8	99.5	98.9	100.1	100.0	100.1	99.0	100.1	100.0	100.0	100.0	100.4
中药饮片加工	100.2	101.1	100.1	100.0	100.0	100.0	100.0	101.8	100.3	100.3	100.0	101.4
中成药生产	100.0	99.7	100.2	100.2	100.1	100.2	99.7	100.1	100.2	99.1	100.1	100.1
兽用药品制造	101.2	100.0	100.0	100.0	100.0	100.0	100.0	100.0	100.9	100.0	100.0	100.0
生物药品制造	100.0	99.2	100.0	100.1	100.0	100.0	100.0	100.0	100.0	98.9	99.2	98.8
卫生材料及医药用品制造	100.0	100.0	100.0	100.0	100.0	100.0	100.0	100.0	100.0	100.0	100.0	100.0
化学纤维制造业	100.0	100.0	100.0	100.0	100.0	100.0	100.0	100.0	100.0	100.0	100.0	100.0
纤维素纤维原料及纤维制造	100.0	100.0	100.0	100.0	100.0	100.0	100.0	100.0	100.0	100.0	100.0	100.0

2-22 续表 4

（上月价格=100）

指 标	1月	2月	3月	4月	5月	6月	7月	8月	9月	10月	11月	12月
橡胶和塑料制品业	99.9	100.7	100.1	100.2	100.4	99.6	99.4	99.8	99.9	100.1	101.0	100.9
橡胶制品业	100.0	100.0	100.2	100.0	99.9	99.9	99.9	100.1	100.0	99.9	99.9	100.1
塑料制品业	99.8	100.7	100.1	100.3	100.4	99.6	99.3	99.8	99.9	100.1	101.1	101.0
非金属矿物制品业	99.7	99.4	99.3	100.3	98.8	98.8	100.4	99.9	99.8	99.8	99.5	99.6
水泥、石灰和石膏制造	99.6	99.1	99.1	100.2	98.6	98.4	100.3	99.8	99.7	99.8	99.2	99.6
石膏、水泥制品及类似制品制造	100.1	100.5	100.4	101.4	99.6	100.0	100.7	100.1	99.8	99.9	100.2	99.7
砖瓦、石材等建筑材料制造	101.8	98.3	100.2	99.8	99.4	100.5	100.8	99.7	101.1	99.7	100.4	100.1
玻璃制造	100.1	101.9	99.9	100.1	98.6	100.3	100.8	99.2	99.6	100.0	100.4	99.8
玻璃制品制造	100.1	101.1	98.7	100.0	100.1	99.0	99.6	99.8	99.8	99.6	100.5	99.3
玻璃纤维和玻璃纤维增强塑料制品制造	100.0	100.0	100.0	100.0	100.0	100.0	100.0	100.0	100.0	100.0	100.0	100.0
陶瓷制品制造	99.4	100.2	101.5	100.5	100.3	101.0	99.0	100.0	100.0	100.5	100.3	100.4
耐火材料制品制造	99.5	98.6	99.1	99.9	99.2	99.5	100.9	99.8	100.8	99.8	101.5	99.8
石墨及其他非金属矿物制品制造	99.9	100.0	100.0	100.0	99.9	99.9	100.0	100.0	100.0	100.0	100.0	100.1
黑色金属冶炼和压延加工业	99.7	100.1	99.9	99.2	99.4	98.7	98.3	100.0	100.8	100.0	99.8	99.8
炼铁	99.3	101.2	100.0	98.5	99.6	97.8	98.3	100.2	102.8	99.9	100.2	100.0
炼钢	99.8	100.2	100.5	99.9	99.8	99.3	100.0	100.0	100.2	99.9	100.1	100.0
黑色金属铸造	101.1	100.0	100.0	100.0	100.0	100.0	100.7	99.4	100.0	100.0	100.0	100.4
钢压延加工	99.6	99.4	99.7	99.2	99.1	98.8	97.3	100.0	100.5	100.0	99.3	99.5
铁合金冶炼	100.3	101.5	99.9	98.5	99.5	98.1	99.9	99.4	99.6	100.3	101.2	100.6
有色金属冶炼和压延加工业	100.3	100.7	98.0	98.1	99.2	98.7	98.7	100.6	100.8	100.3	99.4	99.6
常用有色金属冶炼	100.5	100.9	97.8	98.0	99.2	98.6	98.9	100.6	100.8	100.4	99.3	99.6
贵金属冶炼	98.1	100.0	96.8	97.2	94.6	96.8	94.2	103.0	102.4	96.8	98.4	97.8
稀有稀土金属冶炼	100.8	99.1	99.4	99.0	100.8	103.9	102.0	99.7	102.6	101.2	100.3	100.7
有色金属合金制造	101.6	96.2	101.8	97.7	101.6	99.3	100.9	99.3	99.8	101.2	100.3	100.9
有色金属铸造	99.3	101.3	102.7	99.7	99.4	99.1	99.3	100.3	101.4	99.9	100.9	101.1
有色金属压延加工	99.3	99.5	98.9	99.4	101.0	100.5	97.6	99.8	100.6	99.9	100.6	99.7
金属制品业	99.0	100.1	99.4	99.5	99.8	99.7	100.5	101.0	99.3	100.4	100.0	100.0
结构性金属制品制造	98.2	99.9	99.0	99.5	99.8	99.4	101.4	101.8	99.2	100.7	100.0	99.9
金属工具制造	100.0	100.0	100.0	100.0	100.0	100.0	96.9	100.0	100.0	100.0	100.0	100.0

2-22 续表 5

(上月价格=100)

指　　标	1月	2月	3月	4月	5月	6月	7月	8月	9月	10月	11月	12月
集装箱及金属包装容器制造	101.2	100.5	100.2	98.5	99.9	100.4	101.6	99.1	99.6	100.4	100.3	100.2
金属丝绳及其制品制造	100.9	100.0	100.0	100.4	99.3	100.0	95.8	100.8	98.9	100.0	99.6	100.0
建筑、安全用金属制品制造	100.0	100.1	99.9	100.0	100.0	100.0	100.0	100.0	99.9	100.0	99.8	100.1
其他金属制品制造	98.7	100.4	99.8	99.7	100.2	99.8	100.0	100.0	99.6	100.0	100.0	100.0
通用设备制造业	100.2	100.0	99.6	100.2	100.5	99.8	99.5	99.3	100.1	100.0	100.1	100.6
锅炉及原动设备制造	100.0	100.0	100.0	100.0	100.3	100.0	100.0	100.6	100.0	100.0	100.0	100.0
金属加工机械制造	100.4	100.0	99.6	100.3	100.7	99.5	99.4	99.0	100.2	100.0	100.1	100.9
物料搬运设备制造	100.2	99.7	100.1	100.0	100.0	99.8	100.0	100.0	100.0	99.8	100.2	100.0
泵、阀门、压缩机及类似机械制造	100.2	98.1	99.9	100.9	101.1	99.7	100.4	100.0	101.3	99.7	100.0	99.7
轴承、齿轮和传动部件制造	99.3	100.9	98.7	101.7	98.3	101.4	100.0	100.3	100.0	99.9	99.8	98.2
烘炉、风机、衡器、包装等设备制造	100.0	99.4	100.4	99.9	100.0	100.0	100.1	100.0	99.3	100.7	100.0	99.9
文化、办公用机械制造	100.0	100.0	100.0	100.0	100.0	100.0	100.0	100.0	100.0	100.0	100.0	100.0
通用零部件制造	99.2	100.4	99.2	99.3	100.0	101.3	99.4	100.0	99.7	100.0	100.0	100.0
其他通用设备制造业	100.0	100.0	100.0	100.0	100.0	100.0	100.0	100.0	100.0	100.0	100.0	100.0
专用设备制造业	100.0	100.0	100.0	100.0	100.0	99.7	99.8	100.3	100.1	100.0	100.0	100.0
采矿、冶金、建筑专用设备制造	99.9	100.1	100.0	99.6	100.1	98.8	99.3	101.2	100.1	100.0	100.0	100.0
化工、木材、非金属加工专用设备制造	100.0	99.5	99.5	100.0	100.0	100.0	100.0	99.2	100.0	100.0	100.0	100.0
食品、饮料、烟草及饲料生产专用设备制造	100.1	100.0	100.0	100.0	100.0	100.0	100.0	100.0	100.0	100.0	100.0	100.0
印刷、制药、日化及日用品生产专用设备制造	100.0	100.0	100.0	100.0	100.0	100.0	100.0	100.0	100.0	100.0	100.0	100.0
电子和电工机械专用设备制造	100.0	100.0	100.0	100.0	100.0	100.0	100.0	100.0	100.0	100.0	100.0	100.0
农、林、牧、渔专用机械制造	100.0	100.0	100.0	100.0	100.0	100.0	100.1	99.9	100.1	99.9	100.0	100.1
环保、社会公共服务及其他专用设备制造	100.0	100.0	100.0	102.3	100.1	100.1	99.9	100.0	99.9	100.0	100.0	100.0
汽车制造业	99.9	100.7	100.0	99.2	100.5	99.9	99.5	99.5	100.7	100.5	99.7	99.8
汽车整车制造	99.9	100.8	100.1	98.9	100.8	99.7	99.4	99.3	101.0	100.6	99.6	99.7
汽车车身、挂车制造	100.0	100.0	100.0	100.0	100.0	100.0	100.0	100.0	100.0	100.0	100.0	100.0
汽车零部件及配件制造	100.2	100.2	99.8	100.8	99.1	100.8	100.1	100.3	99.5	100.3	99.9	100.3
铁路、船舶、航空航天和其他运输设备制造业	100.0	100.0	100.0	100.0	100.0	100.0	100.0	100.0	100.0	98.2	100.0	100.0
铁路运输设备制造	100.0	100.0	100.0	100.0	100.0	100.0	100.0	100.0	100.0	98.2	100.0	100.0
电气机械和器材制造业	99.8	100.0	100.4	98.5	100.2	99.5	98.6	100.7	99.9	99.9	100.2	99.3

2-22 续表 6

(上月价格=100)

指　　标	1月	2月	3月	4月	5月	6月	7月	8月	9月	10月	11月	12月
电机制造	100.0	99.7	100.0	100.2	99.9	99.9	100.2	99.9	100.1	99.9	100.1	99.9
输配电及控制设备制造	98.1	100.1	101.7	98.0	101.6	98.8	98.9	100.1	99.8	99.7	100.1	98.9
电线、电缆、光缆及电工器材制造	101.4	99.9	99.1	98.2	98.7	100.1	97.5	101.7	100.0	100.1	100.4	99.4
电池制造	100.0	100.0	100.0	99.8	100.1	99.9	100.1	100.1	100.0	99.8	100.0	100.0
非电力家用器具制造	100.6	100.5	100.1	100.0	99.8	100.2	100.0	100.0	100.0	100.2	100.0	99.9
计算机、通信和其他电子设备制造业	100.0	100.0	100.0	100.0	100.0	100.0	100.0	100.0	100.7	100.0	98.2	97.8
计算机制造	100.0	100.0	100.0	100.0	100.0	100.0	100.0	100.0	101.0	100.0	97.5	96.9
通信设备制造	100.0	100.0	100.0	100.0	100.0	100.0	100.0	100.0	100.0	100.0	100.0	100.0
电子元件制造	100.0	100.0	100.0	100.0	100.0	100.0	100.0	100.0	100.0	100.0	100.0	100.0
其他电子设备制造	100.0	100.0	100.0	100.0	100.0	100.0	100.0	100.0	100.0	100.0	100.0	100.0
仪器仪表制造业	100.2	100.0	100.0	100.0	100.0	100.0	100.0	100.0	100.0	100.0	100.0	100.0
通用仪器仪表制造	101.4	100.0	100.0	100.0	100.0	100.0	99.9	100.0	100.0	100.0	100.0	100.0
专用仪器仪表制造	100.0	100.0	100.0	100.0	100.0	100.0	100.0	100.0	100.0	100.0	100.0	100.0
光学仪器及眼镜制造	100.0	100.0	100.0	100.0	100.0	100.0	100.0	100.0	100.0	100.0	100.0	100.0
其他制造业	100.0	100.0	100.0	100.0	98.9	98.9	100.0	100.0	100.0	100.0	100.0	100.0
日用杂品制造	100.0	100.0	100.0	100.1	100.0	100.0	99.9	100.0	100.0	100.0	100.0	100.0
其他未列明制造业	100.0	100.0	100.0	100.0	98.6	98.6	100.0	100.0	100.0	100.0	100.0	100.0
废弃资源综合利用业	100.0	100.0	100.0	100.0	100.0	100.0	100.0	100.0	100.0	100.0	100.0	100.0
金属废料和碎屑加工处理	100.0	100.0	100.0	100.0	100.0	100.0	100.0	100.0	100.0	100.0	100.0	100.0
金属制品、机械和设备修理业	100.0	100.0	100.0	100.0	100.0	100.0	100.0	100.0	100.0	100.0	100.0	100.0
金属制品修理	100.0	100.0	100.0	100.0	100.0	100.0	100.0	100.0	100.0	100.0	100.0	100.0
专用设备修理	100.0	100.0	100.0	100.0	100.0	100.0	100.0	100.0	100.0	100.0	100.0	100.0
电气设备修理	100.0	100.0	100.0	100.0	100.0	100.0	100.0	100.0	100.0	100.0	100.0	100.0
电力、热力生产和供应业	102.2	100.9	100.1	100.0	98.1	94.4	98.0	99.7	100.1	100.0	101.4	104.7
电力生产	102.3	101.1	99.9	100.0	97.8	95.5	99.2	100.2	100.5	100.0	102.8	103.4
电力供应	102.1	100.8	100.2	100.0	98.3	93.9	97.3	99.5	99.8	100.1	100.7	105.4
燃气生产和供应业	100.1	100.0	135.9	100.2	100.0	100.0	100.0	99.9	99.9	100.0	100.0	100.0
水的生产和供应业	100.0	101.8	100.0	100.0	100.0	100.0	100.2	100.0	100.0	100.2	100.1	100.0
自来水生产和供应	100.0	101.8	100.0	100.0	100.0	100.0	100.0	100.0	100.0	100.2	100.1	100.0
污水处理及其再生利用	100.0	100.0	100.0	100.0	100.0	100.0	137.5	100.0	100.0	100.0	100.0	100.0

2-23 分月工业生产者购进价格指数(2013年，同比)

(上年同月价格=100)

指　标	1月	2月	3月	4月	5月	6月	7月	8月	9月	10月	11月	12月
工业生产者购进价格指数	**98.7**	**98.6**	**98.8**	**98.2**	**97.7**	**98.4**	**98.4**	**98.9**	**99.4**	**99.7**	**99.6**	**99.1**
燃料、动力类	96.5	97.3	98.3	97.5	96.3	98.9	99.1	99.4	101.7	102.6	101.6	99.6
黑色金属材料类	96.7	97.0	97.4	98.0	97.3	95.5	96.2	97.9	98.7	100.0	99.9	99.0
#钢材	95.0	95.3	94.5	95.7	95.5	93.2	94.2	97.0	97.4	98.4	98.5	97.4
有色金属材料及电线类	98.8	98.2	97.6	96.4	95.7	96.4	95.2	96.5	94.9	94.7	94.3	94.5
化工原料类	97.6	96.3	96.1	95.9	97.1	97.3	97.2	96.7	96.2	95.7	97.2	97.9
木材及纸浆类	100.9	100.5	100.6	100.1	99.1	99.6	99.8	100.1	99.8	100.1	99.9	99.8
建筑材料及非金属类	105.2	103.2	101.7	100.2	101.1	98.8	99.2	99.3	97.8	98.1	97.7	98.3
其他工业原材料及半成品类	100.0	99.9	100.3	100.0	99.6	99.9	100.2	100.4	101.0	100.4	100.8	101.1
农副产品类	104.2	103.3	103.0	102.8	103.1	103.4	103.7	103.7	105.1	105.4	105.9	105.6
纺织原料类	97.5	98.0	97.5	97.7	97.2	97.8	96.8	97.4	97.7	98.5	99.8	100.1

2-24 分月工业生产者购进价格指数(2013年，环比)

(上月价格=100)

指　标	1月	2月	3月	4月	5月	6月	7月	8月	9月	10月	11月	12月
工业生产者购进价格指数	**100.4**	**100.5**	**100.5**	**99.2**	**99.5**	**99.6**	**99.3**	**99.7**	**100.6**	**100.3**	**99.8**	**99.8**
燃料、动力类	100.1	101.0	101.7	99.4	99.2	99.6	99.0	98.6	101.6	100.3	100.0	99.2
黑色金属材料类	101.3	100.9	100.8	99.7	99.5	98.0	99.1	100.4	99.0	100.2	100.5	99.7
#钢材	100.8	100.3	100.2	100.0	99.7	97.6	99.5	100.6	99.2	100.1	99.7	99.8
有色金属材料及电线类	100.6	100.3	99.6	97.7	99.0	99.4	98.3	100.3	100.4	100.3	98.7	99.9
化工原料类	100.2	99.9	99.2	99.9	99.8	99.9	99.7	99.9	99.2	99.7	99.8	100.8
木材及纸浆类	100.4	99.9	99.9	99.8	99.3	100.5	100.0	100.1	99.8	100.2	100.0	99.9
建筑材料及非金属类	101.0	99.6	99.8	99.1	100.1	99.2	99.5	100.0	99.7	100.2	99.7	100.3
其他工业原材料及半成品类	100.0	100.0	100.4	99.6	99.8	100.1	100.0	100.1	101.0	99.8	100.0	100.3
农副产品类	100.7	100.4	100.4	100.1	100.1	100.3	100.3	100.3	101.8	101.5	100.1	99.5
纺织原料类	99.4	100.5	99.7	99.8	99.7	100.1	99.3	100.0	99.8	100.8	100.9	100.2

2-25 分月农业生产资料价格指数(2013年，同比)

(上年同月价格=100)

项目	1月	2月	3月	4月	5月	6月	7月	8月	9月	10月	11月	12月
农业生产资料价格指数	**101.3**	**101.3**	**100.5**	**100.1**	**99.5**	**99.2**	**99.6**	**99.8**	**100.1**	**100.0**	**100.1**	**99.6**
农用手工工具	101.1	102.0	102.1	102.1	101.4	101.3	101.4	101.4	101.5	101.4	101.2	101.1
饲料	105.2	105.4	105.5	105.0	104.6	104.0	103.7	103.4	102.9	102.6	102.7	103.1
#混合饲料	102.8	102.7	102.8	103.3	103.9	103.9	103.4	103.4	103.2	102.9	103.1	103.1
产品畜	94.1	92.9	93.0	93.2	91.8	93.7	95.8	98.0	100.4	100.8	101.0	100.0
半机械化农具	101.7	101.8	101.8	101.8	101.5	101.9	102.0	101.9	101.2	100.8	100.3	99.5
机械化农具	100.8	101.3	102.3	102.3	102.1	101.9	101.7	101.6	101.5	101.5	101.5	101.5
化学肥料	101.4	101.7	100.2	99.8	98.7	97.2	96.9	96.8	97.4	97.4	97.7	96.5
氮肥	99.7	99.8	98.7	98.4	97.0	95.1	94.4	94.5	95.5	95.2	95.4	94.3
磷肥	106.4	105.3	101.2	100.3	99.6	97.8	97.8	97.6	98.3	98.5	99.1	96.5
钾肥	102.0	102.0	99.0	99.5	99.9	99.8	99.9	100.0	100.5	100.7	101.7	99.8
复合肥料	100.8	103.0	103.0	102.6	101.6	101.2	101.2	100.5	100.2	100.5	100.7	100.7
农药及农药器械	100.7	100.8	99.7	100.0	100.0	99.8	99.8	100.1	100.7	100.5	100.4	99.9
化学农药	101.4	101.4	100.2	100.6	100.6	100.5	100.5	100.8	101.5	101.3	101.2	100.7
农药器械	95.4	95.6	95.6	95.5	95.3	94.7	94.3	94.2	94.2	94.2	94.2	94.2
农用机油	103.3	102.1	100.2	97.0	97.4	99.4	102.4	102.2	100.1	99.2	99.3	100.3
其他农业生产资料	102.8	102.2	101.7	101.5	101.8	101.1	101.1	101.2	101.2	101.2	101.6	101.8
农用种子	104.4	103.2	102.5	102.1	102.5	101.6	101.7	101.7	101.6	101.7	102.4	102.4
农用薄膜	99.6	99.7	99.5	99.7	99.5	99.2	99.5	99.7	99.7	99.7	99.7	100.1
农业生产服务	111.8	113.8	112.2	110.9	109.9	110.3	110.4	110.1	106.7	106.5	105.1	103.8
排灌费	102.5	105.4	103.0	103.0	103.0	103.2	103.2	103.2	103.2	103.2	103.0	103.0
机械作业费	116.5	118.3	118.6	116.5	114.0	115.6	115.7	115.1	108.4	108.4	106.0	103.7
农业用电	98.9	98.9	97.2	97.0	96.5	97.2	97.4	97.5	97.5	97.3	97.5	97.5
农业用工	116.7	116.9	109.5	107.7	106.6	106.2	106.2	106.2	106.3	106.3	106.3	107.1

2-26 分季固定资产投资价格指数(2013年，同比)

(上年同季价格=100)

项目	1季度	2季度	3季度	4季度
固定资产投资价格指数	**102.0**	**100.8**	**100.4**	**101.0**
建筑安装装饰工程	102.0	100.7	100.6	101.4
#人工费	110.3	105.5	105.1	106.2
工程管理人员	107.2	106.4	104.9	104.2
工程技术人员	114.5	111.0	107.4	107.1
普通人员	109.7	104.2	104.7	106.3
材料费	99.4	99.1	98.9	99.7
钢材	96.3	96.9	96.8	98.5
木材	99.5	99.1	99.1	99.8
水泥	100.7	99.3	98.6	100.7
地方建筑材料	101.8	101.8	101.7	101.8
化工材料	111.0	104.9	102.4	100.4
电料	100.1	100.8	99.9	100.2
其他材料	104.9	99.5	99.9	99.7
机械使用费	101.5	101.5	102.1	101.9
设备工器具购置	99.3	99.3	99.0	99.5
其他费用	104.1	102.0	100.8	100.5

2-27 分季农产品生产者价格指数(2013年，同比)

(上年同季价格=100)

项　　目	1季度	2季度	3季度	4季度
农产品生产价格指数	**104.6**	**99.3**	**111.5**	**108.5**
种植业产品	108.4	102.7	114.6	111.6
谷物	107.8	106.3	115.6	108.3
小麦	107.8	103.7	102.1	109.6
稻谷		114.6	100.9	104.3
玉米	106.4	109.5	119.5	104.3
薯类	129.3	139.5	101.2	98.5
油料	111.9	102.8	107.1	104.1
豆类	111.5	112.7	105.8	111.0
糖料	102.4	102.4	102.4	107.0
烟草	95.1	100.0	117.0	109.9
蔬菜	111.3	101.1	105.3	115.5
鲜切花	102.2	112.0	115.5	112.2
水果	112.5	110.9	117.5	112.6
茶	84.2	114.4	120.0	122.9
林业产品	104.3	104.5	87.5	120.3
畜牧业产品	98.8	93.8	98.2	101.3
牛(毛重)	93.6	89.2	95.5	99.4
羊(毛重)	138.1	107.7	102.1	114.4
猪(毛重)	113.3	113.5	109.9	107.2
家禽(毛重)	109.7	110.7	110.6	104.9
禽蛋	106.7	116.7	135.0	149.8
奶类	108.5	112.0	106.6	106.2
渔业产品	93.6	95.3	97.5	98.6

2-28 2012-2013年各州市居民消费价格指数

(上年价格=100)

地　区	2012		2013	
	居民消费价格总指数	#食品	居民消费价格总指数	#食品
全　省	**102.7**	**106.2**	**103.1**	**105.5**
昆明市	103.1	107.7	103.9	106.8
曲靖市	102.3	103.5	103.0	104.6
玉溪市	102.7	105.7	102.8	104.3
保山市	102.6	105.7	102.8	105.0
昭通市	102.7	107.5	102.7	105.8
丽江市	102.8	104.1	102.7	104.2
普洱市	102.6	105.6	102.5	104.7
临沧市	103.7	109.0	102.4	105.0
楚雄州	103.5	106.0	103.0	106.5
红河州	102.6	104.6	102.4	105.1
文山州	103.1	105.4	102.5	105.3
西双版纳州	102.9	106.8	102.6	106.3
大理州	103.3	106.2	102.7	106.9
德宏州	103.9	107.0	102.2	104.7
怒江州	102.4	104.1	102.7	104.1
迪庆州	103.1	108.0	103.0	106.2

2-29 2012-2013年各州市工业生产者价格指数

(上年价格=100)

地 区	工业生产者出厂价格指数		工业生产者购进价格指数	
	2012	2013	2012	2013
全 省	**97.9**	**97.5**	**99.3**	**98.8**
昆明市	99.2	97.9	96.8	96.5
曲靖市	99.5	97.1	103.3	100.3
玉溪市	98.2	96.5	101.0	99.0
保山市	97.5	99.6	102.7	101.5
昭通市	94.0	90.3	101.0	99.1
丽江市	96.2	100.5	104.3	102.6
普洱市	94.4	97.8	97.6	103.5
临沧市	101.1	97.1	106.5	104.6
楚雄州	98.4	97.2	102.7	100.2
红河州	96.6	96.1	97.1	97.6
文山州	96.7	98.3	105.9	100.5
西双版纳州	99.6	100.4	102.2	103.3
大理州	98.3	99.4	100.0	98.6
德宏州	93.9	93.4	103.6	100.2
怒江州	89.0	98.8	100.0	102.2
迪庆州	100.5	99.6	102.1	99.9

主要统计指标解释

居民消费价格指数 是反映一定时期内城乡居民所购买生活消费品和服务项目的价格水平变动趋势和程度的相对数，居民消费价格水平的变动在一定程度上反映了通货膨胀（或紧缩）的程度。通过该指数可以观察和分析消费品的零售价格和服务项目价格变动对城乡居民生活的影响程度。满足各级政府制定政策和计划、进行宏观调控的需要，以及为国民经济核算提供参考依据。

城市居民消费价格指数 是反映一定时期内城市居民家庭所购买的生活消费品价格和服务项目价格变动趋势和程度的相对数。通过该指数可以观察和分析消费品的零售价格和服务项目价格变动对城镇居民收入和消费支出的影响。

农村居民消费价格指数 是反映一定时期内农村居民家庭所购买的生活消费品价格和服务项目价格变动趋势和程度的相对数。该指数可以观察农村消费品的零售价格和服务项目价格变动对农村居民收入和生活消费支出的影响。

商品零售价格指数 是反映一定时期内城乡商品零售价格变动趋势和程度的相对数。商品零售价格的变动与国家的财政收入、市场供需的平衡、消费与积累的比例关系有关。因此，该指数可以从一个侧面对上述经济活动进行观察和分析。

农业生产资料价格指数 指反映一定时期内农业生产资料价格变动趋势和程度的相对数。其目的是在于掌握农业生产资料的平均价格水平，为国家制定农村经济政策提供依据，同时，为研究城乡市场流通状况和国民经济核算提供参考依据。

农产品生产者价格指数 是反映一定时期内，农产品生产者出售农产品价格水平变动趋势及幅度的相对数。该指数可以客观反映全国农产品生产价格水平和结构变动情况，满足农业与国民经济核算需要。其中某代表品生产价格指数是通过对全部有出售该产品行为的调查单位的个体指数进行几何平均求得的，类价格指数是通过对其所属的类（或代表品）的价格指数进行加权平均求得的。季度累计价格指数的计算方法与分季指数的计算方法相同。

工业生产者出厂价格指数 是反映一定时期内全部工业产品出厂价格总水平的变动趋势和程度的相对数，包括工业企业售给本企业以外所有单位的各种产品和直接售给居民用于生活消费的产品。该指数可以观察出厂价格变动对工业总产值及增加值的影响。

工业生产者购进价格指数 是反映工业企业作为生产投入，而从物资交易市场和能源、原材料生产企业购买原材料、燃料和动力产品时，所支付的价格水平变动趋势和程度的统计指标，是扣除工业企业物质消耗成本中的价格变动影响的重要依据。

目前，我国编制的工业生产者购进价格指数所调查的产品包括燃料动力、黑色金属、有色金属、化工、建材等九大类。

固定资产投资价格指数 是反映一定时期内固定资产投资品及取费项目的价格变动趋势和程度的相对数。固定资产投资额是由建筑安装工程投资完成额、设备工器具购置投资完成额和其他费用投资完成额三部分组成的。编制固定资产投资价格指数应首先分别编制上述三部分投资的价格指数，然后采用加权算术平均法求出固定资产投资价格总指数。

该指数可以准确地反映固定资产投资中涉及的各类投资品和取费项目价格变动趋势和变动幅度，消除按现价计算的固定资产投资指标中的价格变动因素，真实地反映固定资产投资的规模、速度、结构和效益，为国家科学地制定、检查固定资产投资计划并提高宏观调控水平，为完善国民经济核算体系提供科学的、可靠的依据。

三 农业调查

简要说明

一、本篇资料的主要内容及统计范围

本篇资料反映农业生产和农村经济的基本情况，内容主要包括农村粮食生产情况、畜牧业生产等方面的统计资料。

二、本篇的资料来源及统计调查方法

农业调查是由国家统计局组织实施，国家统计局各调查总队及抽中市、县调查队依据国家统计局统一制定的调查方案收集资料，逐级审核。

1. 各省、自治区、直辖市全社会粮食产量数据，由各调查总队负责将农业生产经营户的抽样调查推算结果和农业生产经营单位的调查统计结果汇总后上报。其中农业生产经营单位的调查统计结果由各省、自治区、直辖市统计局负责收集并及时提供。省级粮食数据以国家反馈的数据为准，国家实行以省为总体的抽样调查，从抽样调查点取得的各季农作物播种面积、实测产量等各项资料。各农作物的播种面积和产量，包括全社会的数据，即包括调查季节的国有、集体单位及各种经济组织和个人经营的农作物。

2. 畜牧业的猪、牛、羊和家禽等内容，国家实行以省为总体的抽样调查，全省生猪调出大县实行以县为总体的抽样调查。包括主要畜禽抽样实行分季定产，四个季度之和即为年度数据；生猪调出大县实行月度调查与季度调查相结合，主要数据开展月度调查。

3-1 1978-2013年粮食生产情况

年 份	全年粮食			1. 夏收粮食		
	播种面积（万亩）	总产量（万吨）	平均亩产（千克/亩）	播种面积（万亩）	总产量（万吨）	平均亩产（千克/亩）
1978	5517.0	864.0	156.6	1579.4	135.0	85.5
1979	5531.0	793.0	143.4	1557.2	107.0	68.7
1980	5390.0	865.5	160.6	1410.8	126.5	89.7
1981	5309.7	917.0	172.7	1323.8	124.0	93.7
1982	5210.9	946.0	181.5	1240.8	111.5	89.9
1983	5206.2	954.5	183.3	1272.9	140.5	110.4
1984	5162.1	1005.0	194.7	1281.5	135.5	105.7
1985	4977.8	935.0	187.8	1268.3	109.2	86.1
1986	4999.4	870.0	174.0	1266.3	75.5	59.6
1987	5046.8	929.8	184.2	1288.1	134.8	104.7
1988	5126.9	940.2	183.4	1392.9	138.7	99.6
1989	5290.7	1000.2	189.1	1467.8	132.3	90.1
1990	5433.5	1057.2	194.6	1543.1	162.8	105.5
1991	5428.4	1093.0	201.4	1566.2	184.3	117.7
1992	5373.0	1070.4	199.2	1584.3	196.0	123.7
1993	5290.5	1085.2	205.1	1598.1	211.2	132.2
1994	5503.4	1146.5	208.3	1704.5	201.4	118.2
1995	5464.5	1188.9	217.6	1690.5	228.2	135.0
1996	5547.3	1246.2	224.6	1764.0	234.3	132.8
1997	5578.7	1271.9	228.0	1825.5	254.7	139.5
1998	5829.5	1319.5	226.4	1857.8	240.2	129.3
1999	6063.2	1399.3	230.8	1951.4	253.6	130.0
2000	6358.1	1467.8	230.9	1853.6	241.0	130.0
2001	6508.5	1486.3	228.4	1995.0	233.9	117.2
2002	6240.9	1424.7	228.8	1827.3	240.9	131.8
2003	6102.6	1471.0	241.0	1791.8	244.6	136.5
2004	6237.8	1509.5	242.0	1765.1	236.3	133.9
2005	6380.4	1514.9	237.4	1783.4	222.3	124.7
2006	6033.2	1457.6	241.6	1658.3	220.6	133.0
2007	5991.8	1460.7	243.8	1645.8	223.4	135.7
2008	6143.9	1518.6	247.2	1652.6	207.6	125.6
2009	6300.2	1576.9	250.3	1692.5	236.5	139.7
2010	6411.6	1531.0	238.8	1683.6	127.7	75.8
2011	6490.4	1673.6	257.9	1736.9	251.2	144.6
2012	6599.4	1749.1	265.0	1756.8	243.5	138.6
2013	6749.1	1824.0	270.3	1782.5	240.4	134.9

3-1 续表

年 份	2. 秋收粮食			3. 早稻		
	播种面积(万亩)	总产量(万吨)	平均亩产(千克/亩)	播种面积(万亩)	总产量(万吨)	平均亩产(千克/亩)
1978	3937.7	729.0	185.1			
1979	3973.8	686.0	172.6			
1980	3979.2	739.0	185.7			
1981	3986.0	793.0	198.9			
1982	3970.1	834.5	210.2			
1983	3933.3	813.5	207.0			
1984	3880.7	869.5	224.1			
1985	3709.5	825.8	222.6			
1986	3733.1	794.5	212.8			
1987	3758.7	795.0	211.5			
1988	3734.0	801.5	214.7			
1989	3822.9	867.9	227.0			
1990	3890.4	894.4	229.9			
1991	3862.2	908.7	235.3			
1992	3788.7	874.4	230.8			
1993	3692.4	874.0	236.7			
1994	3798.9	945.1	248.8			
1995	3774.0	960.7	254.6			
1996	3783.3	1011.9	267.5			
1997	3753.2	1017.2	271.0			
1998	3971.7	1079.3	271.7			
1999	4111.8	1145.7	278.6			
2000	4504.5	1226.8	272.3			
2001	4513.5	1252.4	277.5			
2002	4413.6	1186.8	268.2			
2003	4310.9	1226.4	284.5			
2004	4472.7	1273.2	284.7			
2005	4597.1	1292.6	281.2			
2006	4374.9	1237.0	282.7			
2007	4346.0	1237.3	284.7			
2008	4491.3	1311.0	291.9			
2009	4607.7	1340.5	290.9			
2010	4728.0	1403.3	296.8			
2011	4753.5	1422.4	299.2	61.4	25.8	420.2
2012	4842.6	1505.6	310.9	59.3	25.1	423.3
2013	4893.6	1557.8	318.3	73.1	25.8	352.9

3-2 1978-2013年主要粮食品种生产情况

年份	稻谷			玉米			小麦		
	播种面积（万亩）	总产量（万吨）	平均亩产（千克/亩）	播种面积（万亩）	总产量（万吨）	平均亩产（千克/亩）	播种面积（万亩）	总产量（万吨）	平均亩产（千克/亩）
1978	1558.7	411.5	264.0	1536.0	233.0	151.7	998.7	86.0	86.1
1979	1564.1	382.5	244.6	1589.6	225.0	141.5	996.5	70.5	70.8
1980	1541.9	387.5	251.3	1666.2	263.0	157.8	883.1	78.5	88.9
1981	1616.7	436.0	269.7	1629.9	269.5	165.3	792.5	73.5	92.8
1982	1655.4	464.0	280.3	1572.5	278.0	176.8	701.3	67.5	96.3
1983	1660.5	457.0	275.2	1528.4	269.0	176.0	700.7	86.5	123.5
1984	1695.6	500.5	295.2	1461.9	274.0	187.4	686.3	82.5	120.2
1985	1611.8	483.0	299.7	1380.5	248.7	180.2	665.1	61.9	93.1
1986	1574.0	440.0	279.6	1406.0	157.8	112.2	644.0	43.5	67.6
1987	1529.9	458.0	299.4	1429.4	249.8	174.8	651.5	74.6	114.5
1988	1513.2	457.9	302.6	1417.7	250.1	176.4	723.9	82.4	113.8
1989	1511.6	468.4	309.9	1468.7	293.3	199.7	791.3	80.7	102.0
1990	1539.2	516.5	335.6	1484.9	277.8	187.1	854.4	102.6	120.1
1991	1517.3	512.5	337.8	1467.2	293.5	200.0	873.8	115.3	132.0
1992	1490.1	501.2	336.4	1424.7	271.0	190.2	885.0	127.0	143.5
1993	1396.5	476.5	341.2	1401.0	287.4	205.1	916.5	135.0	147.3
1994	1410.5	505.4	358.3	1499.0	327.9	218.8	942.8	125.2	132.8
1995	1411.5	511.9	362.7	1482.0	339.9	229.4	937.5	137.5	146.7
1996	1408.8	536.1	380.5	1490.7	369.2	247.7	996.5	146.7	147.2
1997	1381.8	530.2	383.7	1469.3	363.2	247.2	1046.3	165.0	157.7
1998	1379.4	537.5	389.7	1643.6	418.1	254.4	1060.2	151.3	142.7
1999	1354.5	551.7	407.3	1739.4	459.5	264.2	1087.4	158.4	145.7
2000	1610.4	568.2	352.8	1694.6	473.3	279.3	968.4	152.4	157.4
2001	1650.5	595.9	361.1	1707.2	477.3	279.6	961.1	137.9	143.5
2002	1624.5	543.2	334.4	1693.4	461.5	272.5	906.3	134.1	148.0
2003	1564.7	635.9	406.4	1600.4	399.9	249.9	851.1	124.4	146.2
2004	1629.3	639.4	392.4	1666.7	425.7	255.4	814.8	121.7	149.4
2005	1574.0	646.3	410.6	1773.9	449.3	253.3	798.5	106.9	133.9
2006	1544.6	612.9	396.8	1876.8	478.0	254.7	656.6	93.0	141.6
2007	1485.3	589.7	397.0	1923.2	498.6	259.3	640.2	91.2	142.5
2008	1526.3	621.0	406.9	1988.7	539.6	271.3	637.5	83.1	130.3
2009	1559.7	636.2	407.9	2031.3	542.7	267.2	648.6	92.3	142.3
2010	1531.5	616.6	402.6	2126.7	613.0	288.2	643.3	46.0	71.5
2011	1610.2	668.7	415.3	2113.5	598.2	283.0	656.9	98.9	150.6
2012	1624.3	644.6	396.8	2185.4	700.0	320.3	663.3	88.3	133.1
2013	1729.1	667.9	386.3	2257.7	734.2	325.2	656.0	80.5	122.7

3-2 续表

年 份	薯 类			豆 类		
	播种面积（万亩）	总产量（万吨）	平均亩产（千克/亩）	播种面积（万亩）	总产量（万吨）	平均亩产（千克/亩）
1978	361.7	48.5	134.1			
1979	348.6	47.0	134.8			
1980	355.5	53.5	150.5			
1981	340.5	53.5	157.1			
1982	334.4	56.0	167.5			
1983	337.4	56.0	166.0			
1984	340.7	60.5	177.6			
1985	345.6	63.0	182.3			
1986	364.7	64.7	177.4			
1987	381.9	61.3	160.5			
1988	390.2	60.8	155.8			
1989	405.6	70.1	172.8			
1990	419.4	68.0	162.1			
1991	432.8	68.0	157.1	276.9	21.8	78.7
1992	433.2	66.2	152.8	305.5	22.5	73.6
1993	447.0	72.2	161.5	709.5	76.5	107.8
1994	463.7	78.2	168.7	765.6	72.1	94.2
1995	460.5	78.9	171.3	747.0	77.2	103.3
1996	466.1	84.8	182.0	758.9	78.1	102.9
1997	479.7	84.6	176.4	765.0	80.0	104.6
1998	514.5	87.0	169.1	762.5	76.5	100.3
1999	576.3	98.3	170.6	809.9	74.7	92.2
2000	780.2	145.5	186.5	367.5	40.2	109.4
2001	829.1	149.0	179.7	913.2	90.7	99.3
2002	769.7	153.9	200.0	908.4	93.6	103.0
2003	908.0	172.3	189.8	695.1	85.8	123.4
2004	937.1	191.4	204.3	739.7	61.3	82.9
2005	1031.3	178.6	173.2	717.9	77.2	107.5
2006	836.0	157.4	188.3	803.4	93.8	116.8
2007	842.6	162.2	192.5	783.3	80.1	102.3
2008	880.4	169.8	192.8			
2009	918.5	175.7	191.2	872.9	123.7	141.7
2010	947.4	173.6	183.2	869.1	79.5	91.5
2011	950.8	178.9	188.2	861.9	125.7	145.9
2012	988.8	183.0	185.1	858.8	129.7	151.0
2013	989.7	207.8	209.8	849.5	131.4	154.6

3-3 2006-2013年主要畜禽生产情况

指　　标	2006	2007	2008	2009	2010	2011	2012	2013
畜禽出栏量								
生猪　（万头）	2755.2	2536.1	2701.7	2824.5	2961.8	2964.7	3180.13	3323.66
牛　（万头）	210.3	225.9	236.2	252.6	268.5	273.3	279.07	275.72
羊　（万只）	548.0	595.8	651.9	687.1	730.6	735.5	767.08	792.40
家禽　（万只）	13837.0	14896.3	16547.1	17953.6	19316.3	19526.3	20410.55	19981.55
年末存栏数								
生猪　（万头）	2365.0	2457.6	2669.0	2736.2	2766.8	2689.8	2708.65	2708.65
#能繁母猪（万头）	201.4	225.5	281.1	285.7	287.4	290.7	300.27	307.78
牛　（万头）	713.0	725.7	706.4	742.6	746.7	745.7	747.16	730.38
羊　（万只）	793.4	825.8	843.3	877.6	877.9	900.9	913.50	929.06
家禽　（万只）	9883.6	10667.9	10905.5	11705.8	11730.4	11949.6	12431.47	12131.42
肉类总产量　（万吨）	300.4	266.1	288.3	304.6	321.4	324.4	348.66	357.44
猪肉	235.9	203.6	219.6	230.8	242.5	243.9	264.08	275.96
牛肉	22.9	24.8	26.1	28.0	29.9	30.7	31.86	31.80
羊肉	9.3	10.2	11.5	12.1	12.9	13.0	13.55	14.00
禽肉	23.2	25.2	28.4	30.8	33.2	33.8	36.37	35.68
其他肉类	9.1	2.3	2.7	2.9	2.9	3.0	2.80	
牛奶产量　（万吨）	36.4	42.3	44.7	48.4	50.4	52.4	53.69	54.51
禽蛋产量　（万吨）	16.9	18.0	19.4	20.8	20.8	21.7	22.13	23.24

注：以上数据为国家统计局按照第二次农业普查口径衔接核定的抽样调查数据，其中2008年以后数据为主要畜禽监测抽样调查的国家反馈衔接核定数。注:2013年肉类总产量为猪、牛、羊、禽肉产量合计。

3-4 2006-2013年生猪调出大县分县资料

项 目	2006	2007	2008	2009	2010	2011	2012	2013
生猪出栏量（万头）	686.7	670.4	958.8	1017.6	1652.0	1684.7	1815.1	1898.2
宜良县					35.2	35.9	46.0	48.1
寻甸县					41.5	42.3	50.5	55.6
麒麟区	48.5	36.3	67.1	71.6	75.6	76.6	77.0	80.7
陆良县	72.4	67.1	104.5	107.4	111.4	114.0	114.9	121.2
师宗县					50.7	51.7	51.9	57.4
罗平县	45.7	54.1	68.4	74.9	77.3	79.0	79.2	75.9
富源县	71.4	69.9	99.0	103.7	110.1	108.2	108.1	111.3
会泽县	87.4	93.1	121.0	129.3	138.0	144.4	140.5	148.4
沾益县	51.2	43.8	71.1	75.9	81.5	82.2	82.2	96.6
宣威市	150.6	171.2	219.0	233.8	247.0	250.1	245.6	245.3
隆阳区	64.4	57.1	78.6	83.4	88.0	89.4	92.2	93.9
腾冲县					42.5	43.4	65.4	68.1
昌宁县					39.7	40.5	48.9	57.4
昭阳区					32.6	33.2	48.8	56.1
镇雄县	45.3	35.1	61.1	64.2	67.8	71.2	72.0	63.8
禄丰县					32.9	33.6	53.7	50.6
蒙自市					33.7	34.3	39.4	48.5
建水县	49.8	42.9	68.9	73.5	79.0	82.0	86.5	86.6
石屏县					44.3	45.2	51.7	59.8
弥勒市					45.0	45.9	49.8	58.4
泸西县					34.7	35.4	44.1	48.0
丘北县					48.8	49.8	54.4	63.1
广南县					58.3	59.5	68.6	60.3
大理市					36.4	37.1	43.8	43.1

注：以上数据为国家统计局核定的生猪调出大县分县数据，其中2008年以后数据为主要畜禽监测抽样调查的国家反馈衔接核定数，另外14个大县为后确定的调出大县国家核定数从2010年开始。2012年数据为国家重新调整核定数。

3-4 续表 1

项　　目	2006	2007	2008	2009	2010	2011	2012	2013
猪肉产量（万吨）	64.2	60.8	74.3	76.8	136.8	140.5	153.3	159.2
宜良县					2.9	3.0	3.8	3.9
寻甸县					3.4	3.5	4.2	4.6
麒麟区	4.0	3.4	5.0	5.4	5.7	6.3	6.2	6.5
陆良县	7.4	6.3	7.8	8.1	9.4	10.0	10.0	10.5
师宗县					4.1	4.3	4.3	4.7
罗平县	4.0	4.3	5.6	6.1	6.3	6.5	6.5	6.2
富源县	7.3	6.6	7.4	7.8	11.3	10.8	10.3	10.5
会泽县	8.9	8.8	9.1	9.7	12.3	12.7	12.1	12.8
沾益县	4.1	4.1	6.2	5.7	6.1	6.6	6.5	7.6
宣威市	15.4	16.2	16.4	17.5	23.6	23.7	22.3	21.9
隆阳区	5.3	4.2	6.6	6.3	6.6	6.6	7.4	7.5
腾冲县					3.5	3.6	5.4	5.6
昌宁县					3.3	3.4	4.0	4.7
昭阳区					2.7	2.7	4.0	4.6
镇雄县	3.8	3.0	4.6	4.8	5.1	5.4	6.1	5.4
禄丰县					2.7	2.8	4.4	4.2
蒙自市					2.7	2.8	3.2	4.0
建水县	4.0	3.7	5.6	5.5	5.9	6.2	6.9	6.9
石屏县					3.6	3.7	4.3	4.9
弥勒市					3.7	3.8	4.2	4.8
泸西县					2.8	2.9	3.6	3.9
丘北县					4.0	4.1	4.5	5.2
广南县					4.7	4.9	5.6	4.9
大理市					3.0	3.1	3.6	3.5

3-4 续表 2

项　目	2006	2007	2008	2009	2010	2011	2012	2013
生猪年末存栏数(万头)	489.2	491.9	671.3	696.2	1127.8	1141.5	1240.6	1294.9
宜良县					27.7	28.2	32.6	39.8
寻甸县					29.9	30.5	36.9	40.2
麒麟区	34.2	25.5	41.5	42.9	43.6	43.5	42.4	48.0
陆良县	48.1	47.1	76.7	79.6	80.3	81.0	75.5	78.4
师宗县					31.9	32.5	32.9	38.9
罗平县	30.5	38.5	43.7	53.9	55.5	56.1	52.8	60.3
富源县	47.4	49.1	62.5	63.8	65.3	66.1	63.9	64.6
会泽县	58.1	65.3	81.5	82.7	84.3	85.9	82.8	85.0
沾益县	35.8	30.7	48.0	49.5	50.9	51.4	48.6	58.6
宣威市	100.0	120.1	154.2	156.7	157.2	156.7	148.5	132.2
隆阳区	61.4	52.1	67.0	68.5	70.1	70.6	73.0	69.8
腾冲县					33.6	34.3	49.7	53.9
昌宁县					29.0	29.5	41.9	46.2
昭阳区					26.8	27.4	40.7	42.7
镇雄县	39.8	38.4	52.4	53.3	53.7	54.2	51.2	53.3
禄丰县					25.9	26.4	42.8	38.7
蒙自市					26.8	27.4	31.7	38.7
建水县	33.9	25.1	44.0	45.4	46.7	47.5	51.7	53.8
石屏县					30.5	31.2	39.6	44.1
弥勒市					30.0	30.6	39.0	48.9
泸西县					27.9	28.5	35.9	39.4
丘北县					33.9	34.6	41.1	49.1
广南县					39.2	39.9	52.5	41.2
大理市					27.1	27.6	33.0	28.9

3-4 续表 3

项　　目	2006	2007	2008	2009	2010	2011	2012	2013
能繁母猪存栏数(万头)	46.2	51.3	69.4	72.0	126.7	127.4	138.2	145.8
宜良县					3.1	3.2	3.6	3.7
寻甸县					3.9	3.9	4.7	4.6
麒麟区	3.0	3.1	4.5	4.6	5.0	4.6	4.6	5.6
陆良县	5.7	6.5	7.8	7.9	8.0	8.1	8.2	9.0
师宗县					8.0	8.1	4.7	5.1
罗平县	3.1	4.1	5.2	6.0	6.2	6.3	6.0	6.6
富源县	6.2	7.2	7.4	7.6	7.6	7.7	7.7	8.2
会泽县	7.0	9.2	9.5	9.8	10.0	10.2	10.2	12.5
沾益县	2.9	3.4	4.7	4.9	4.9	5.0	5.0	4.8
宣威市	6.9	7.0	12.6	13.1	13.1	13.1	13.1	13.3
隆阳区	4.6	5.3	7.8	7.9	8.1	8.0	8.8	7.6
腾冲县					3.3	3.4	4.8	4.9
昌宁县					3.1	3.1	4.4	4.5
昭阳区					3.2	3.2	4.7	5.0
镇雄县	3.9	3.5	5.6	5.7	5.5	5.8	5.8	7.5
禄丰县					2.9	3.0	4.7	4.3
蒙自市					3.0	3.0	3.4	3.8
建水县	2.9	2.1	4.4	4.5	4.7	4.6	5.0	5.2
石屏县					3.9	4.0	5.0	4.9
弥勒市					3.5	3.6	4.5	4.9
泸西县					3.1	3.1	3.9	4.5
丘北县					4.1	4.2	4.9	5.5
广南县					5.1	5.2	6.7	6.0
大理市					3.3	3.3	3.9	3.9

主要统计指标解释

粮食产量 指全社会的产量。包括国有经济经营的、集体统一经营的和农民家庭经营的粮食产量，还包括工矿企业办的农场和其他生产单位的产量。粮食除包括稻谷、小麦、玉米、高粱、谷子及其他杂粮外，还包括薯类和豆类。其产量计算方法，豆类按去豆荚后的干豆计算；薯类(包括甘薯和马铃薯，不包括芋头和木薯)1963 年以前按每 4 公斤鲜薯折 1 公斤粮食计算，从 1964 年开始改为按 5 公斤鲜薯折 1 公斤粮食计算。城市郊区作为蔬菜的薯类(如马铃薯等)按鲜品计算，并且不作粮食统计。其他粮食一律按脱粒后的原粮计算。1989 年以前全国粮食产量数据主要靠全面报表取得，1989 年开始使用抽样调查数据。

猪、牛、羊肉产量 指当年出栏并已屠宰、除去头蹄下水后带骨肉(即胴体重)的重量。包括全社会范围内的产量。1996 年以前为全面统计并逐级上报数据。1996 年第一次农业普查以后，根据普查结果，对畜牧业主要年报数据进行了修正。1999 年以后，国家统计局在部分地区开展了猪、牛、羊、禽等主要畜禽品种的抽样调查，并用抽样数据作为国家定案数据使用。未开展抽样调查的地区和品种，仍使用各级统计部门逐级上报数据。2007 年，根据第二次农业普查结果，对 2000-2006 年畜牧业主要年报数据进行了修正。2008 年，建立了主要畜禽监测调查制度，猪、牛、羊、禽等主要畜禽数据均以抽样调查数为法定数据。

期初(末)畜禽存栏头(只)数 指报告期初(末)农村各种合作经济组织和国营农场、农民个人、机关、团体、学校、工矿企业、部队等单位以及城镇居民饲养的大牲畜、猪、羊、家禽等畜禽的存栏数。数据上报方式及数据调整情况同猪、牛、羊肉产量。

农作物播种面积 指实际播种或移植农作物的面积。凡是实际种植有农作物的面积，不论种植在耕地上还是种植在非耕地上，均包括在农作物播种面积中。在播种季节基本结束后，因遭灾而重新改种和补种的农作物面积，也包括在内。目前，农作物播种面积主要包括粮食、油料、棉花、麻类、糖料、烟叶、药材、蔬菜、瓜类和其他农作物等十大类。

四 企业调查

简要说明

一、本篇资料的主要内容及统计范围

本篇资料反映规模以下工业调查、部分服务业调查的基本情况。

二、规模以下工业调查

规模以下工业调查由国家统计局组织实施，国家统计局各调查总队及抽中市、县调查队依据国家统计局统一制定的规模以下工业统计调查制度从基层采集原始数据汇总后上报。

根据国民经济核算要求，将规模以下工业总体划分成两个子总体，即年主营业务收入 2000 万元以下的工业企业和全部个体经营工业单位。具体包括，调查年份年初在册的年主营业务收入 2000 万元以下的工业企业、全部个体经营工业单位以及当年新建的年主营业务收入 2000 万元以下的工业企业和新增的全部个体经营工业单位。

规模以下工业统计采用抽样调查的方法。企业子总体中有企业名录的部分采用一阶段分层随机抽样，没有企业名录的企业和个体工业子总体采用分层随机整群抽样方法。抽样精度在 95%的概率保证程度下，最大相对误差控制在 10%以内。

云南省规模以下工业抽样调查按照国家现行制度和方法，分别开展了以省为总体的抽样调查和以州市为总体的抽样调查，具备省级，州市级代表性。

三、规模以下服务业抽样调查简要说明

规模以下服务业抽样调查是国家统计调查，由国家统计局在全国范围内统一组织实施。国家统计局各调查总队及抽中市、县调查队根据国家统计局制定的规模以下服务业抽样调查统计报表制度，按照统一的统计范围、计算方法、统计口径直接从所抽中的规模以下服务业企业采集原始数据审核后上报。调查目的是为反映我国规模以下服务业企业的经营状况、经营环境，为政府宏观经济政策提供参考依据。

调查范围：辖区内年末从业人员 50 人以下，且年营业收入 1000 万元以下的服务业样本法人单位。具体包括：交通运输、仓储和邮政业，信息传输、软件和信息技术服务业，租赁和商务服务业，科学研究和技术服务业，水利、环境和公共设施管理业，居民服务、修理和其他服务业，教育，卫生和社会工作，文化、体育和娱乐业；以及物业管理、房地产中介服务等行业。

调查内容：包括规模以下服务业法人单位的基本情况，经营状况、经营环境、遇到的困难及建议等。

4-1 2009-2013年规模以下工业抽样调查主要指标

指　　标		2009	2010	2011	2012	2013
总体估计量						
单位数	(万个)	13.87	14.66	11.76	11.35	10.55
从业人员数	(万人)	63.53	68.60	65.71	56.88	51.61
主营业务收入	(亿元)	487.46	535.29	672.66	699.47	690.58
企业子总体估计量						
企业数	(万个)	1.15	1.19	1.27	1.26	1.29
从业人员数	(万人)	27.40	25.55	29.97	27.33	21.90
主营业务收入	(亿元)	341.61	385.97	502.73	505.73	475.18
个体经营单位子总体估计量						
单位数	(万个)	12.72	13.46	10.49	10.09	9.26
营业收入	(亿元)	145.85	149.32	169.92	193.74	215.40

注：1. 2011年规模以下工业划限标准年主营业务收入由500万元提高到2000万元；
2. 2007-2011年采用国民经济行业分类GB/T 4754—2002；
3. 2012年采用新国民经济行业分类GB/T 4754—2011。

4-2 2011-2013年规模以下工业抽样调查主要经营指标

指　　标		2011	2012	2013
总体估计量				
单位数	(个)	117648	113513	105566
从业人员数	(人)	657081	568792	516093
工业总产值(现价)	(万元)	6726561.41	7064652.38	6975224.14
企业子总体估计量				
企业数	(个)	12714	12634	12926
从业人员数	(人)	299683	273302	219049
工业总产值(现价)	(万元)	5027339.16	5107905.00	4799350.98
主营业务收入	(万元)	4889095.95	5057297.05	4751832.65
税金总额	(万元)	226701.66	233762.79	186149.27
资产总计	(万元)	9728036.38	9532419.19	10574778.68
固定资产原价	(万元)	5893187.05	5796762.73	5636608.35
固定资产净值	(万元)	4349278.60	4499753.49	4411990.04
应付职工薪酬	(万元)	527610.73	550667.20	526392.05
个体经营单位子总体估计量				
单位数	(个)	104934	100879	92640
从业人员数	(个)	357398	295490	297044
营业收入	(万元)	1699222.25	1937408.28	2154329.86
资产总计	(万元)	1972331.29	1990553.56	1671117.18

注：1. 2011年采用国民经济行业分类GB/T 4754—2002；
2. 2012年采用国民经济行业分类GB/T 4754—2011。

4-3 2011-2013年规模以下工业企业分行业主营业务收入

单位：亿元

指　　标	2011	2012	2013
总　计	**442.83**	**505.73**	**475.18**
采矿业	52.09	62.05	53.08
煤炭开采和洗选业	25.19	30.75	27.83
石油和天然气开采业	0.10	0.01	0.05
黑色金属矿采选业	5.84	9.60	4.63
有色金属矿采选业	14.55	16.07	12.42
非金属矿采选业	6.00	5.21	7.45
开采辅助活动	0.17	0.22	
其他采矿业	0.25	0.20	0.71
制造业	360.44	411.76	385.07
农副食品加工业	36.91	38.38	44.95
食品制造业	18.88	25.30	21.72
酒、饮料和精制茶制造业	11.59	14.11	36.03
烟草制品业	0.28	0.20	0.19
纺织业	2.24	2.40	1.67
纺织服装、服饰业	0.84	0.49	0.65
皮革、毛皮、羽毛及其制品和制鞋业	0.24	0.26	0.27
木材加工和木、竹、藤、棕、草制品业	6.60	6.84	7.85
家具制造业	4.89	7.59	7.88
造纸和纸制品业	8.28	8.28	9.55
印刷和记录媒介复制业	3.55	7.13	7.58
文教、工美、体育和娱乐用品制造业	3.15	3.62	4.32
石油加工、炼焦和核燃料加工业	0.27	0.06	5.06
化学原料和化学制品制造业	17.31	20.93	49.48
医药制造业	4.25	4.28	6.27
化学纤维制造业			
橡胶和塑料制品业	13.45	15.77	16.98
非金属矿物制品业	136.20	154.76	60.74
黑色金属冶炼和压延加工业	5.24	6.97	7.05
有色金属冶炼和压延加工业	9.96	9.74	11.11
金属制品业	24.63	28.80	19.80
通用设备制造业	22.00	24.16	25.92
专用设备制造业	12.75	10.96	14.11
汽车制造业	1.32	1.25	1.68
铁路、船舶、航空航天和其他运输设备制造业	2.58	4.14	4.76
电气机械和器材制造业	2.38	3.29	5.70
计算机、通信和其他电子设备制造业	1.99	1.90	0.85
仪器仪表制造业	1.67	2.22	2.13
其他制造业	5.94	6.91	9.58
废弃资源综合利用业	0.88	0.89	1.03
金属制品、机械和设备修理业	0.18	0.12	0.12
电力、热力、燃气及水生产供应业	30.30	31.91	37.04
电力、热力生产和供应业	20.65	21.01	24.78
燃气生产和供应业	0.74	0.67	0.73
水的生产和供应业	8.91	10.23	11.53

注：三年均采用国民经济行业分类GB/T 4754—2011。

4-4 2011-2013年规模以下工业企业分类型主营业务收入

单位：亿元

指 标	2011	2012	2013
总 计	**442.83**	**505.73**	**475.18**
按小微分组			
小型企业	335.15	371.11	340.28
微型企业	107.67	134.62	134.90
按登记注册类型分组			
内资企业	436.17	498.93	470.28
国有企业	7.27	7.92	9.03
集体企业	11.65	10.69	10.78
股份合作企业	4.55	6.28	8.63
联营企业			
有限责任公司	31.11	36.65	81.80
股份有限公司	9.62	11.90	13.91
私营企业	370.09	420.70	340.11
其他企业	1.89	4.78	6.03
港、澳、台商投资企业	2.67	2.42	2.50
与港澳台商合资经营企业	0.83		
与港澳台商合作经营企业			
港澳台商独资经营企业	1.84	2.42	2.50
港澳台商投资股份有限公司			
外商投资企业	3.98	4.38	2.40
中外合资经营企业	2.39	2.71	2.40
中外合作经营企业			
外资企业	1.59	1.67	
外商投资股份有限公司			

注：三年均采用国民经济行业分类GB/T 4754—2011。

4-5 各州市规模以下工业增速(2013年)

单位：%

地　区	可比价增速
全　省	**9.3**
昆明市	10.1
曲靖市	7.2
玉溪市	10.0
保山市	9.9
昭通市	13.3
丽江市	9.8
普洱市	12.8
临沧市	9.2
楚雄州	9.5
红河州	10.6
文山州	9.0
西双版纳州	8.8
大理州	9.2
德宏州	6.6
怒江州	6.5
迪庆州	8.0

4-6 2012-2013年规模以下服务业企业主要经济指标

单位：万元

指　标	2012	2013
规模以下服务业企业(推估数)		
企业数(个)	27276	30644
固定资产原价	3580226	4430763
资产总计	6815435	9283670
负债合计	3461793	4820375
营业收入	2482574	2754836
营业成本	1212805	1283118
营业税金及附加	103439	105103
销售费用	190362	180932
管理费用	624744	686694
财务费用	56698	27377
营业利润	174984	180216
利润总额	224553	257841
应交所得税	39961	45935
应付职工薪酬(本年贷方累计发生额)	603689	741356
应交增值税	10740	328625
从业人员平均人数(人)	259785	303031

主要统计指标解释

工业 指从事自然资源的开采，对采掘品和农产品进行加工和再加工的生产活动部门。工业行业划分标准及代码依照国家标准《国民经济行业分类》执行。工业生产活动主要包括：对自然资源的开采，如采矿、晒盐等，但不包括禽兽捕猎和水产捕捞；对农副产品的加工、再加工，如粮油加工、食品加工、缫丝、纺织、制革等；对采掘品的加工、再加工，如冶金加工、石油加工、化学加工、机械加工、木材加工等，以及电力、煤气及水的生产和供应等；对工业品的修理、翻新，如机器设备、交通运输的修理等，不包括属于居民服务业的日用品修理、摩托车修理和自行车修理。

工业企业 必须同时具备下列条件：有固定或相对固定的生产组织、场所、设备和从事工业生产的人员；常年从事工业生产活动，或全年开工三个月以上的季节性工业生产活动；能够同农业及其他生产行业分开核算(会计上独立核算)；向当地工商行政管理部门领取了营业执照。

个体工业单位 生产资料归劳动者个人所有，以个体劳动为基础，从事工业生产活动，劳动成果归劳动者个人占有和支配的一种经营单位。包括：(1)按照《民法通则》和《城乡个体工商户管理暂行条例》规定经各级工商行政管理机关登记注册、领取《营业执照》的个体工业户。具体是指公民在法律允许范围内，依法经核准登记，从事工业活动的个体劳动者。(2)没有领取《营业执照》但实际从事工业生产活动的城镇、农村个体经营单位。但不包括农民家庭以辅助劳力或利用农闲时间进行的一些兼营性的工业、商业及其它活动。

五 专项调查

简要说明

一、本篇资料的主要内容及统计范围

本篇资料反映专项调查情况，内容主要包括退耕还林(草)监测调查、农村贫困监测调查、农村住户固定资产投资抽样调查等方面的统计资料。

二、本篇的资料来源及统计调查方法

1. 退耕还林（草）监测调查。是 2007 年国家统计局、国家发展和改革委员会、国务院西部地区开发领导小组办公室、国家林业局、农业部、财政部、监察部决定联合开展的调查。是对实施退耕还林工程县的经济、社会发展、退耕工程运行及巩固退耕还林成果项目实施情况进行监测调查。全面了解退耕还林（草）工程的实际运行情况，掌握退耕农户生产生活状况，为不断完善退耕还林（草）政策措施，促进退耕还林（草）工程的健康发展提供科学依据。

2. 农村贫困监测调查。为全面、准确、及时反映贫困地区的贫困状况、变化趋势和扶贫成效，客观衡量居民收入和基本公共服务与全国平均水平的差距，掌握贫困地区的宏观经济背景和社会发展状况，评估宏观发展与专项扶贫的作用，为科学制定扶贫相关政策提供参考依据，国家统计局根据《中国农村扶贫开发纲要（2011-2020 年）》和五部委《关于进一步加强农村贫困监测工作的通知》（国统字〔2012〕21 号）,开展国家农村贫困监测调查。国家农村贫困监测调查内容主要包括居民现金和实物收支情况、住户成员及劳动力从业情况、居民家庭住房和耐用消费品拥有情况、家庭经营和生产投资情况、社区基本情况、县（市）社会经济基本情况和到县扶贫项目实施情况、以及村和户的扶贫参与情况等。由两部分组成，即由收支与生活状况调查内容和贫困监测补充调查内容组成。国家农村贫困监测调查与住户收支与生活状况调查（即一体化住户调查）、县（市）社会经济统计共同构成国家农村贫困监测体系的主要数据来源。国家农村贫困监测调查和省（区、市）农村贫困监测调查，包括分市县贫困监测调查、省定扶贫重点县贫困监测调查，由国家统计局各调查总队负责、会同省（区、市）统计局共同实施。调查范围为《中国农村扶贫开发纲要（2011-2020 年）》确定的 14 个片区和扶贫重点县的农村地区。经国家统计局和省级人民政府批准，地方政府确定的扶贫重点区域也可根据本方案开展农村贫困监测调查。调查对象为调查范围内的县以及抽中行政村、农村住户及住户成员。

3. 农村住户固定资产投资抽样调查。根据《农村住户固定资产投资抽样调查方案》实施。其调查对象是调查村的住户。调查网点在住户收支与生活状况调查网点进行，农户投资从住户收支调查资料中取得，农户建房投资在住户收支调查小区所在的村调查所有建房户情况。根据农村固定资产调查的现实情况，本方案中的农户房屋建筑物、机器设备、器具等固定资产价值统计标准为 1000 元以上，使用年限为 2 年以上。调查内容包括：农户固定资产原值、农户固定资产资产投资完成情况、农户建房情况，以及农户固定资产投资的资金来源、投资构成及投资方向等。调查方法采用调查人员到调查村直接访问，并从住户收支与生活状况调查中取得调查户的基础数据。

5-1　2007-2008年退耕还林(草)监测调查表

单位：元/人

指　　标	2007	2008
退耕农户期内现金收入	2436.24	2864.16
工资性收入	451.51	561.79
#外出务工收入	143.06	207.48
家庭经营现金收入	1599.78	1701.14
第一产业现金收入	1486.18	1528.78
种植业现金收入	797.90	636.75
林业现金收入	159.28	161.40
#退耕林地收入	12.19	21.69
畜牧业现金收入	528.52	729.16
渔业现金收入	0.48	1.48
第二产业现金收入	15.60	39.63
第三产业现金收入	98.00	132.73
财产性现金收入	16.57	43.84
转移性现金收入	368.38	557.38
退耕还林(草)补助收入	304.90	
调查补贴	6.66	12.55
#退耕监测调查补贴	1.26	4.95
其他转移收入	56.82	159.69
其他现金收入		
退耕农户期内现金支出	2778.36	2440.30
家庭生产经营现金支出	571.50	673.66
农业生产支出	538.21	626.10
种植业生产支出	311.65	296.58
林业生产支出	35.21	17.11
#退耕林地支出	9.55	5.26
畜牧业生产支出	190.48	309.69
渔业生产支出	0.87	2.73
第二产业生产支出	7.26	16.67
第三产业生产支出	26.04	30.89
购置生产性固定资产支出	72.78	112.08
税费现金支出	1.39	0.09
生活消费现金支出	2072.61	1578.02
食品消费支出	569.02	672.59
#购买粮食支出	121.23	174.30
衣着消费支出	73.64	85.50
居住消费支出	206.43	291.96
其他消费支出	1223.51	527.97
财产性现金支出	5.39	10.06
转移性现金支出	53.93	65.25
其他现金支出	0.75	1.15
退耕户期内纯收入	2079.21	2684.72
当年退耕还林(草)补助总收入	308.24	407.84
现金补助	257.25	396.81
#树(草)苗种补助	0.07	0.04
粮食补助　　(千克)	32.59	7.76
粮食补助折成现金	50.10	10.15
退耕还林(草)地管理费	0.89	0.89
当年退耕地林产品总值	6.95	14.69
#干果产量　　(千克)	0.52	0.14
干果产品价值	3.45	1.09
鲜果产量　　(千克)	0.87	7.51
鲜果产品价值	0.94	8.58

5-2 退耕还林(草)监测调查表(2009年)

单位：元/人

指　　标		2009
退耕还林(草)补助和退耕地效益情况		
退耕还林(草)补助收入		429.69
退耕还林(草)生活费现金补助		203.55
退耕还林(草)种苗款补助		2.39
退耕还林(草)地粮食补助	(千克/人)	7.06
退耕还林(草)粮食补助折成现金		223.75
退耕地林产品总值		39.90
#中药材价值		1.11
木材价值		4.61
竹材价值		6.15
干鲜果产品价值		11.14
退耕户的收入与支出情况		
工资性收入		851.68
从单位或雇主得到的现金收入		848.43
从单位或雇主得到的实物产品和服务等折价		3.26
外出务工收入		593.67
家庭经营收支情况		
种植业生产经营		
种植业生产经营总收入		1406.74
种植业生产经营现金收入		658.42
种植业生产费用支出		548.51
林业生产经营		
林产品生产经营总收入		114.36
林业生产费用支出		17.72
畜牧业生产经营		
畜牧业生产经营总收入		866.76
畜牧业生产经营现金收入		475.01
畜牧业生产费用支出		394.76
渔业生产经营		
出售渔业产品总收入		4.46
渔业生产费用		0.77
第二、三产业生产经营		
第二、三产业生产经营总收入		319.00
工业生产经营收入(包括粮食加工)		30.30
工业生产经营费用支出(包括粮食加工)		11.58
建筑业生产经营收入		43.06
建筑业生产经营费用支出		26.32

5-2 续表

单位：元/人

指标名称	2009
交通运输业生产经营收入	91.04
交通运输业生产经营费用支出	51.44
批发和零售贸易业生产经营收入	64.22
批发和零售贸易业生产经营费用支出	37.31
住宿和餐饮业经营收入	22.03
住宿和餐饮业生产经营费用支出	16.73
社会服务业(包括文教卫体等)生产经营收入	25.22
社会服务业(包括文教卫体等)生产经营费用支出	16.69
手工业及副业生产经营收入	15.48
手工业及副业生产经营费用支出	8.24
租赁业务生产经营收入	8.38
租赁业务生产经营费用支出	2.14
其他非农生产经营收入	19.27
其他非农生产生产经营费用支出	6.87
财产性收入	28.98
转移性收入(不包括退耕还林(草)补助收入)	202.23
财产性支出	63.59
转移性支出	69.15
生活消费支出及其他支出	1197.53
购买食品总支出	501.98
购买衣着总支出	145.44
用于建房维修等居住总支出	316.60
购买其他商品及服务支出总支出	233.51
购置生产性固定资产支出、税费支出以及其他支出	176.98
购置生产性固定资产支出	72.07
税费支出	4.94
其他支出	99.97
汇总指标	
家庭经营总收入	2711.32
转移性全部收入	660.00
总收入	4251.99
农林牧渔业生产经营费用支出	961.76
第二、三产业生产经营费用支出	177.32
家庭经营费用支出	1139.08
生产性固定资产原值	1749.43
生产性固定资产折旧	116.63
纯收入	2991.33

5-3 2010-2013年退耕还林(草)监测调查表

单位：元/人

指 标	2010	2011	2012	2013
总收入	5058.9	5983.2	6720.0	7848.4
工资性收入	1065.9	1266.1	1594.7	2146.9
在非企业组织中劳动得到收入	126.0	120.6	146.4	155.4
乡村干部收入	44.1	46.5	43.4	42.8
乡村教师收入	41.1	51.9	63.7	82.7
行政事业单位等职工收入	40.8	22.2	39.2	29.9
在本乡地域内劳动得到收入	467.6	478.7	608.0	849.6
在企业中劳动得到收入	73.6	52.7	95.4	119.5
在国家投资基建项目得到收入	0.3	0.2	7.0	1.8
提供其他劳务收入	393.6	425.8	505.6	728.2
外出从业得到收入	472.4	666.8	840.3	1142.0
在乡外县内从业得到收入	248.3	326.4	436.4	586.9
在县外省内从业得到收入	87.5	107.2	104.0	173.0
在省外国内从业得到收入	136.6	232.5	299.5	381.7
在国外从业得到收入		0.8	0.5	0.3
家庭经营收入	3326.0	4048.5	4513.9	5034.4
第一产业收入	3083.1	3679.7	4021.6	4354.6
农业收入	1952.6	2182.4	2331.4	2601.3
农产品收入	1935.2	2155.6	2296.3	2532.5
农业服务性收入	17.4	26.8	35.0	68.8
林业收入	264.8	371.3	404.0	474.4
林业产品收入	260.8	361.1	398.7	468.1
林业服务性收入	4.0	10.2	5.3	6.4
牧业收入	864.9	1123.7	1284.2	1277.1
牧业产品收入	861.5	1120.3	1280.6	1276.3
牧业服务性收入	3.4	3.4	3.6	0.7
渔业收入	0.8	2.3	2.1	1.9
渔业产品收入	0.6	2.2	2.0	1.8
渔业服务性收入	0.2	0.1	0.1	0.1
第二产业收入	58.3	101.6	180.2	203.9
工业收入	32.7	46.0	65.1	60.5
工业产品收入	27.6	34.9	62.1	53.1
工业服务性收入	5.1	11.1	3.0	7.5
建筑业收入	25.7	55.6	115.1	143.4
建筑业产品收入	0.2			
建筑业服务性收入	25.4	55.6	115.1	143.4
第三产业收入	184.6	267.2	312.0	475.9
其他产品收入	0.0	5.2	4.6	2.3
第三产业服务性收入	184.6	262.0	307.4	473.6
交通.运输.邮电业收入	66.4	110.3	139.3	181.9
批零贸易业.饮食业收入	64.4	103.9	116.7	213.7
社会服务业收入	9.0	10.3	10.0	29.5
文教卫生业收入	9.2	15.1	9.4	10.4
其他行业收入	35.7	22.5	32.0	38.2
财产性收入	83.8	85.0	61.5	53.0
转移性收入	583.2	583.6	550.0	614.0

5-4　2000-2010年农村贫困标准及贫困状况

年 份	农村贫困标准(元/人)		农村贫困人口(万人)		农村贫困发生率(%)	
	贫困标准(当年价)	低收入标准(当年价)	贫困和低收入人口	贫困人口	贫困和低收入人口比重	贫困发生率
2000	625	865	1022.1	337.5	29.63	9.78
2001	630	872	981.9	273.4	28.35	7.89
2002	627	869	887.6	304.0	25.43	8.71
2003	637	882	820.3	275.4	23.37	7.84
2004	668	924	777.7	262.3	21.98	7.41
2005	683	944	737.8	248.4	20.68	6.96
2006	693	958	670.8	228.4	18.67	6.36
2007	785	1067	597.0	196.5	16.50	5.43
2008	895	1196	555.0	184.5	15.25	5.07
2009	976	1196	540.0	160.2	14.71	4.36
2010	986	1274	325.0	148.8	8.76	4.01

说明：1. 2000-2010年贫困标准为国家统计局依据《中国农村扶贫开发规划纲要(2000-2010)》要求制定的全国统一标准。
2. 2000-2010年贫困标准为625元(2000年价格水平)，2001-2010年每年根据物价水平调整。
3. 2000-2010年的低收入贫困标准为865元(2000年价格水平)，2001-2010年每年根据物价水平调整。

5-5　2010-2013年农村扶贫新标准及贫困状况

年 份	农村扶贫标准(当年价，元/人)	农村扶贫对象人口(万人)	农村贫困发生率(%)
2010	2300	1468.0	39.56
2011	2536	1014.0	27.11
2012	2625	804.0	21.58
2013	2736	661.0	17.74

说明：1. 本农村扶贫新标准为国家统计局依据《中国农村扶贫开发纲要(2011—2020年)》提出："到2020年要稳定实现扶贫对象不愁吃、不愁穿，保障其义务教育、基本医疗和住房"的要求制定的全国统一标准。
2. 2010-2020年农村扶贫新标准为2300元(2000年价格水平)，2011-2020年每年根据物价水平调整。

5-6 2000-2010年分区域农村贫困及低收入人口数量

单位：人

区　域	县数	2000	2001	2002	2003	2004	2005
全省合计	**129**	**10221000**	**9818000**	**8876000**	**8203000**	**7777000**	**7378000**
扶贫开发重点县	**80**	**8583255**	**8259499**	**7480981**	**6914902**	**6563325**	**6225004**
#国定扶贫开发重点县	73	7969798	7675783	6958638	6433364	6104980	5789355
#省定扶贫开发重点县	7	613456	583716	522343	481537	458345	435649
集中连片特殊困难地区	**91**	**9220256**	**8861283**	**8015628**	**7411810**	**7040026**	**6679226**
#国定集中连片特殊困难地区	85	8901842	8566653	7759304	7177894	6817097	6468007
①乌蒙山区	15	2630969	2533002	2295694	2067385	1917747	1803888
②石漠化区	12	1296691	1254622	1141704	1045183	992105	942153
③滇西边境山区	61	5097425	4882375	4401997	4129017	3972321	3788113
④藏区	3	195170	191284	176233	170224	157854	145071
边境县	**25**	**2118204**	**2038510**	**1849246**	**1730048**	**1664693**	**1587917**
少数民族自治地方县	**78**	**5737830**	**5517546**	**4994663**	**4666717**	**4476555**	**4265488**
#少数民族直过区	25	2106530	2018455	1823187	1713239	1656066	1576839
边疆少数民族深度贫困区域	**105**	**9882781**	**9497321**	**8590107**	**7936663**	**7530320**	**7144695**
#深度贫困县	41	5008577	4852857	4427407	4082501	3878703	3667727
革命老区县	**47**	**4577031**	**4417688**	**4012749**	**3696861**	**3478409**	**3297383**
县域经济县	**47**	**3332876**	**3182197**	**2857590**	**2602067**	**2447446**	**2309741**
三江沿线	**48**	**4506730**	**4319779**	**3893360**	**3636571**	**3461278**	**3294519**

5-6 续表

单位：人

区　域	县数	2006	2007	2008	2009	2010
全省合计	**129**	**6708000**	**5970000**	**5550000**	**5400004**	**3250000**
扶贫开发重点县	**80**	**5662834**	**5055658**	**4683086**	**4568304**	**2786162**
#国定扶贫开发重点县	73	5268823	4704892	4358612	4254731	2587780
#省定扶贫开发重点县	7	394011	350765	324474	313573	198381
集中连片特殊困难地区	**91**	**6068459**	**5407968**	**5018840**	**4890878**	**2962340**
#国定集中连片特殊困难地区	85	5877581	5239118	4868995	4747979	2882702
①乌蒙山区	15	1713837	1536136	1444763	1416335	925074
②石漠化区	12	864838	782880	711562	692587	406216
③滇西边境山区	61	3358721	2971396	2760841	2683531	1569809
④藏区	3	131063	117555	101674	98425	61240
边境县	**25**	**1403955**	**1254357**	**1148445**	**1117038**	**645061**
少数民族自治地方县	**78**	**3802322**	**3406958**	**3129368**	**3045473**	**1815073**
#少数民族直过区	25	1395829	1248548	1144471	1117292	647863
边疆少数民族深度贫困区域	**105**	**6492773**	**5781249**	**5377347**	**5235346**	**3158802**
#深度贫困县	41	3351110	2995163	2759214	2699162	1621709
革命老区县	**47**	**3014546**	**2700822**	**2495139**	**2430279**	**1475088**
县域经济县	**47**	**2141088**	**1901492**	**1775840**	**1720635**	**1070338**
三江沿线	**48**	**2964229**	**2613406**	**2444930**	**2375619**	**1418069**

5-7 2000-2010年各州市县农村贫困及低收入人口数量

单位：人

地区	2000	2001	2002	2003	2004	2005
昆明市	358635	335286	294879	266945	249964	240887
五华区						225
盘龙区						334
官渡区	4328	4111	3671	3433	3217	3240
西山区	2960	2780	2454	2292	2169	1867
东川区	109467	105514	95604	88492	83693	81809
呈贡区	5115	4701	4062	3714	3515	3353
晋宁县	7385	7041	6310	5985	5560	5419
富民县	5663	5358	4766	4405	4261	4030
宜良县	10711	10219	9165	8649	8526	8434
石林县	13879	12625	10795	9572	8387	7732
嵩明县	11608	10998	9794	9126	8331	7929
禄劝县	49011	46368	41237	37771	35743	34993
寻甸县	134476	121757	103629	90377	83686	78750
安宁市	4033	3814	3391	3129	2877	2772
曲靖市	1132924	1071883	953422	879745	818780	778200
麒麟区	17619	16531	14581	13483	12811	12446
马龙县	34809	32276	28132	25565	23075	21359
陆良县	33975	31846	28061	26110	24348	23004
师宗县	121258	114222	101141	93261	86012	82451
罗平县	75860	69867	60488	54959	49481	46946
富源县	133805	126482	112388	104132	97449	92102
会泽县	454163	429900	382527	356729	335858	321045
沾益县	20560	19296	17024	15830	15069	14495
宣威市	240875	231463	209080	189676	174677	164351

5-7 续表 1

单位：人

地　区	2000	2001	2002	2003	2004	2005
玉溪市	166589	157153	139365	128841	114189	106956
红塔区	10198	9725	8718	8200	7654	7354
江川县	16640	15661	13856	12854	11278	10597
澄江县	8770	8316	7412	6903	6194	5861
通海县	11735	11154	9965	9335	8734	8297
华宁县	22678	21330	18859	17285	15125	14088
易门县	19956	18893	16814	15535	13562	12642
峨山县	19066	17948	15883	14708	12866	12056
新平县	23202	22007	19622	18119	16155	15109
元江县	34344	32117	28234	25902	22621	20952
保山市	629024	591157	522340	482899	466054	442796
隆阳区	163591	153820	135958	125663	119417	113237
施甸县	127472	119379	105094	97124	95539	91447
腾冲县	123401	113473	98087	89607	86190	81355
龙陵县	85325	81915	73925	69694	67982	64813
昌宁县	129235	122570	109276	100811	96927	91944
昭通市	1658101	1615616	1482269	1321007	1219754	1136501
昭阳区	182053	173663	155725	141411	129626	121457
鲁甸县	116044	110417	98762	87320	81033	77308
巧家县	167366	158711	141477	127348	119338	112917
盐津县	114651	111182	101351	91464	86053	82019
大关县	96632	93346	84764	74554	69568	63949
永善县	185743	173897	153042	137700	127990	119418
绥江县	48243	45654	40612	35923	32630	30137
镇雄县	501504	490083	450199	393532	359387	329429

5-7 续表 2

单位：人

地 区	2000	2001	2002	2003	2004	2005
彝良县	181223	188013	183358	164846	151950	141192
威信县	44315	50845	54839	49994	46365	43761
水富县	20326	19805	18141	16815	15815	14915
丽江市	290281	283670	260584	257432	244064	229547
古城区	11091	10838	9956	9584	8638	7815
玉龙县	38393	37518	34465	33178	31865	30720
永胜县	110478	107962	99176	95474	89052	85057
华坪县	35763	34949	32104	30906	29475	27387
宁蒗县	94556	92403	84883	88290	85035	78568
普洱市	946053	911002	828228	774486	737453	707715
思茅区	22298	21036	18655	17199	16448	15442
宁洱县	30338	27639	23670	21297	20287	19287
墨江县	155534	149059	134285	127276	116384	111761
景东县	101800	99905	92164	89255	86242	76777
景谷县	100638	95368	84953	79378	77471	75411
镇沅县	65105	63226	57720	55467	53106	51199
江城县	74416	66463	55800	50997	49707	48826
孟连县	56542	50100	41729	36441	33489	33140
澜沧县	295013	284009	257018	240280	232833	224906
西盟县	44370	54199	62235	56896	51487	50966
临沧市	940314	905173	819161	753679	705070	664742
临翔区	91294	86190	76490	69014	66363	63541
凤庆县	196449	188959	170855	155984	143630	134696
云 县	115332	110240	99053	91054	85527	79994

5-7 续表 3

单位：人

地 区	2000	2001	2002	2003	2004	2005
永德县	131196	126788	115180	103756	95345	89771
镇康县	97975	95221	86994	80323	76685	73060
双江县	108725	103769	93098	86808	81619	75984
耿马县	90137	88084	80915	75712	69070	64885
沧源县	109207	105923	96576	91028	86830	82811
楚雄州	433821	407126	359247	333182	312951	304209
楚雄市	45204	41829	36385	34211	31883	30722
双柏县	44945	42273	37376	35022	33153	32353
牟定县	17924	16698	14622	13507	12843	12507
南华县	46417	43437	38211	35521	33216	31555
姚安县	43180	40072	34958	31927	30187	29072
大姚县	38479	35967	31604	29402	26722	25987
永仁县	32740	30756	27160	24971	23991	23360
元谋县	20415	20434	19226	17009	15522	14443
武定县	114669	107703	95093	88640	83843	83162
禄丰县	29849	27956	24613	22971	21592	21047
红河州	1119117	1072622	968213	893734	862431	806531
个旧市	14795	13866	12216	11165	10492	9908
开远市	37880	35558	31377	28634	26601	24985
蒙自市	81720	79859	73360	64530	60062	56461
屏边县	76858	75107	68995	57374	58133	54622
建水县	69112	64853	57207	52380	48997	46167
石屏县	54527	50735	44375	42622	41918	39592
弥勒市	55135	56779	54966	50363	49123	45885
泸西县	57574	57671	54303	49785	47008	44379

5-7 续表 4

单位：人

地 区	2000	2001	2002	2003	2004	2005
元阳县	205342	192881	170309	155649	147040	137654
红河县	136896	137218	129292	124010	121223	114315
金平县	186864	166558	139554	132156	129850	120970
绿春县	128555	128395	120544	114503	112496	102668
河口县	13858	13141	11714	10565	9488	8927
文山州	965141	937755	856777	789805	751472	713756
文山市	90002	82546	71167	63071	58515	55088
砚山县	83143	81249	74637	67044	64084	59531
西畴县	55293	54034	49637	45858	44346	42686
麻栗坡县	117400	114726	105389	98008	93106	89103
马关县	132178	129168	118656	106468	95505	91235
丘北县	115990	113349	104124	100237	102586	98462
广南县	232220	226932	208463	189070	180119	171057
富宁县	138914	135751	124703	120048	113210	106594
西双版纳州	115643	111100	100500	95064	93307	90574
景洪市	25986	25836	24146	21956	21248	20267
勐海县	59999	55399	48083	43815	43277	42448
勐腊县	29658	29866	28271	29293	28782	27859
大理州	810286	779215	704557	666713	656031	635908
大理市	26418	24908	22075	20243	21255	20797
漾濞县	32821	32073	29463	28363	27449	26369
祥云县	67977	65070	58552	54580	54543	52380
宾川县	70361	68758	63162	58367	56309	54744

5-7 续表 5

单位：人

地 区	2000	2001	2002	2003	2004	2005
弥渡县	109187	104225	93522	87401	87639	86886
南涧县	113045	107747	96538	91943	90410	88286
巍山县	67100	64001	57384	53990	53921	52811
永平县	64421	62954	57831	55672	54606	53020
云龙县	87183	84035	76142	72495	71800	71586
洱源县	42465	39080	33808	31912	31042	28881
剑川县	55428	54166	49758	47900	47189	46110
鹤庆县	73881	72198	66322	63847	59869	54038
德宏州	230680	223626	203793	192880	191551	183697
瑞丽市	13401	12935	11737	11139	11083	10876
芒 市	26934	26320	24178	23276	22514	21763
梁河县	53500	52281	48027	46234	45577	44842
盈江县	81885	79018	71679	68045	68172	64327
陇川县	54960	53071	48172	44187	44205	41889
怒江州	229221	224332	206430	196365	196073	190910
泸水县	53271	51967	47654	45676	45514	44295
福贡县	57664	56109	51322	49905	51769	49980
贡山县	20292	20863	20164	20032	20200	19955
兰坪县	97995	95393	87290	80752	78590	76679
迪庆州	195170	191284	176233	170224	157854	145071
香格里拉县	68390	67391	62423	49887	48611	43402
德钦县	43681	42687	39213	37749	32674	30297
维西县	83099	81206	74597	82539	76569	71373

5-7 续表 6

单位：人

地　区	2006	2007	2008	2009	2010
昆明市	225629	197206	185615	180183	99496
五华区	217	184	64	54	25
盘龙区	340	288	330	313	148
官渡区	2856	2465	1824	1609	453
西山区	1809	1496	1178	1075	482
东川区	71867	63256	65903	64325	34135
呈贡区	3264	2670	2300	2129	1186
晋宁县	5223	4612	2731	2460	925
富民县	3551	3023	2270	2099	1102
宜良县	7107	6180	4421	4026	2324
石林县	8264	7249	3200	2874	1221
嵩明县	7411	6379	6609	6297	3577
禄劝县	33555	29872	26305	25559	13878
寻甸县	77616	67418	66823	65843	39247
安宁市	2548	2114	1656	1520	792
曲靖市	713308	637217	610090	594057	394324
麒麟区	10887	9826	9967	9499	5965
马龙县	20699	18582	17183	16659	9508
陆良县	21676	19345	19237	18360	11533
师宗县	77162	68875	67789	65713	36859
罗平县	45139	39435	37563	35817	23674
富源县	83645	74119	64979	61623	37853
会泽县	288010	259874	253006	249344	174620
沾益县	13522	12012	11306	10886	7028
宣威市	152568	135150	129059	126156	87283

5-7 续表 7

单位：人

地 区	2006	2007	2008	2009	2010
玉溪市	102893	88980	91087	88280	46160
红塔区	6528	5686	5590	5320	3168
江川县	10180	8701	9003	8704	4724
澄江县	5474	4768	4923	4639	2395
通海县	7371	6215	5865	5583	2972
华宁县	14109	12124	12364	12028	5494
易门县	12180	10688	10321	9970	5687
峨山县	11588	10062	10517	10271	5169
新平县	14421	12508	13241	12896	8169
元江县	21041	18228	19263	18869	8381
保山市	395997	350939	337994	326385	183556
隆阳区	102606	90996	90692	87274	48019
施甸县	80280	71974	71140	69685	40802
腾冲县	74559	66385	57891	55238	29579
龙陵县	56645	50191	46317	44708	25202
昌宁县	81907	71393	71955	69480	39954
昭通市	1103992	992089	918290	899663	579511
昭阳区	119693	105865	99431	96302	66763
鲁甸县	74784	67925	65270	63998	45589
巧家县	109307	96180	86344	84385	57063
盐津县	76030	68421	60468	58917	37217
大关县	62816	55929	53606	52819	33005
永善县	116643	103866	94591	92438	56366
绥江县	30297	27342	24942	24387	15699
镇雄县	329688	299393	285166	281391	176485

5-7 续表 8

单位：人

地 区	2006	2007	2008	2009	2010
彝良县	131816	119149	107292	105022	66080
威信县	39600	35871	32178	31379	19375
水富县	13316	12147	9001	8625	5869
丽江市	202718	180424	166274	160018	81727
古城区	7253	6198	4476	4160	1889
玉龙县	26490	23675	21382	20400	10244
永胜县	75760	67630	66278	63701	34285
华坪县	23726	21039	19573	18638	8155
宁蒗县	69490	61883	54566	53119	27155
普洱市	626106	554081	498497	482803	275169
思茅区	13979	12009	10459	10005	5798
宁洱县	17921	15288	13920	13455	8019
墨江县	102774	89871	79356	77251	42871
景东县	69373	59844	53603	51053	30872
景谷县	63758	54606	49983	47513	25481
镇沅县	44451	38833	34282	32909	18658
江城县	44299	39588	33673	32348	19859
孟连县	32261	28898	25529	24980	15112
澜沧县	196284	178061	163378	159666	90499
西盟县	41007	37082	34314	33623	18000
临沧市	611801	504332	467429	452056	232877
临翔区	57087	48974	48027	46636	24165
凤庆县	127157	97139	95899	92228	46478
云 县	74084	62735	56214	54289	25975

5-7 续表 9

单位：人

地 区	2006	2007	2008	2009	2010
永德县	86182	71300	63912	61897	34212
镇康县	65117	54925	52068	50721	26990
双江县	70419	57277	45393	43533	20485
耿马县	59229	49603	49549	48051	24199
沧源县	72526	62379	56367	54701	30374
楚雄州	270113	238916	228838	221387	147428
楚雄市	25551	22130	19738	18623	12641
双柏县	26350	24120	23946	23317	16509
牟定县	11429	10067	10142	9899	6637
南华县	26448	23072	22101	21557	13655
姚安县	26082	23108	22033	21305	13931
大姚县	33061	29802	28003	27276	20521
永仁县	20417	17843	17833	17326	12337
元谋县	13761	11613	11781	11449	7419
武定县	71412	63880	60281	58395	36403
禄丰县	15601	13281	12980	12240	7375
红河州	734435	668700	618674	605693	380834
个旧市	9649	7996	8544	8023	4154
开远市	22905	19722	19917	18786	10226
蒙自市	53542	46918	42813	41094	25470
屏边县	50007	46821	43657	43424	29164
建水县	44073	39784	39934	38593	21919
石屏县	35351	32000	28010	27183	17096
弥勒市	39585	35361	29949	28496	16502
泸西县	41459	37869	33986	32995	18723

5-7 续表 10

单位：人

地 区	2006	2007	2008	2009	2010
元阳县	128309	117731	116156	115269	75637
红河县	97709	90865	86044	85445	57225
金平县	112973	105112	90443	88608	53142
绿春县	90230	80861	71611	70301	47165
河口县	8645	7662	7610	7476	4412
文山州	651071	589881	528568	514638	297796
文山市	52473	47011	42748	41095	21307
砚山县	57210	51972	46401	45215	28468
西畴县	39272	36044	31096	30380	18455
麻栗坡县	79128	71931	68228	66721	38658
马关县	85088	76225	67383	64634	39162
丘北县	82539	74967	69042	67272	37686
广南县	160998	146142	126478	124009	69781
富宁县	94363	85589	77193	75312	44278
西双版纳州	77268	68692	66435	63917	36718
景洪市	17739	15929	15525	14646	7674
勐海县	37754	33214	31287	30251	16518
勐腊县	21775	19550	19623	19020	12526
大理州	543275	493653	458979	446037	277636
大理市	17062	15117	14533	13778	8424
漾濞县	22102	19683	18076	17349	10274
祥云县	46957	41578	37188	35601	22327
宾川县	46659	41911	40802	39096	25215

5-7 续表 11

单位：人

地 区	2006	2007	2008	2009	2010
弥渡县	72374	65749	61560	60594	40756
南涧县	74881	68209	66415	65812	43570
巍山县	45991	42599	41191	40814	22419
永平县	43695	39826	38288	37005	17718
云龙县	59464	55692	50027	48642	33448
洱源县	26165	23375	21951	21321	13515
剑川县	38818	35034	32703	32027	20138
鹤庆县	49108	44880	36244	33998	19832
德宏州	158845	140714	130812	126136	65660
瑞丽市	9220	7800	7285	6972	4069
芒 市	19670	16864	15676	15152	8637
梁河县	37982	35411	32959	31827	16926
盈江县	55271	47255	44199	42264	22353
陇川县	36703	33385	30692	29921	13675
怒江州	159486	146620	140744	140326	89868
泸水县	36890	33886	32106	31643	21137
福贡县	40996	37536	36455	36230	23599
贡山县	15586	14448	14043	13851	8241
兰坪县	66015	60751	58139	58602	36891
迪庆州	131063	117555	101674	98425	61240
香格里拉县	42883	38055	31963	31067	20276
德钦县	28320	25206	21480	20844	12493
维西县	59860	54294	48231	46514	28470

5-8 2010-2013年分区域农村扶贫对象人口

单位：人

区　域	县数	2010	2011	2012	2013
全省合计	**129**	**14680000**	**10140000**	**8040000**	**6610000**
扶贫开发重点县	**80**	**12510572**	**8669683**	**6874310**	**5650298**
#国定扶贫开发重点县	73	11675908	8079811	6418961	5282411
#省定扶贫开发重点县	7	834664	589872	455349	367887
集中连片特殊困难地区	**91**	**13290158**	**9206536**	**7224318**	**5907334**
#国定集中连片特殊困难地区	85	12950556	8974574	7032770	5744486
①乌蒙山区	15	4749112	3067726	2647351	2329180
②石漠化区	12	1438397	1076393	908978	766948
③滇西边境山区	61	6840739	4863365	3491013	2678125
④藏区	3	261910	199052	176976	133081
边境县	**25**	**2616198**	**1957503**	**1456114**	**1163634**
少数民族自治地方县	**78**	**7639931**	**5581249**	**4261539**	**3399138**
#少数民族直过区	25	2835929	2111198	1543403	1208744
边疆少数民族深度贫困区域	**105**	**14227399**	**9856548**	**7806811**	**6412047**
#深度贫困县	41	7517718	5103656	3994866	3275044
革命老区县	**47**	**6413813**	**4489159**	**3654400**	**3104131**
县域经济县	**47**	**4968540**	**3353160**	**2712468**	**2277917**
三江沿线	**48**	**6480383**	**4455878**	**3489639**	**2833668**

5-9 2010-2013年分区域农村贫困发生率

单位：%

区　域	县数	2010	2011	2012	2013
全省合计	**129**	**39.56**	**27.11**	**21.58**	**17.74**
扶贫开发重点县	**80**	**49.76**	**34.30**	**27.18**	**22.34**
#国定扶贫开发重点县	73	53.57	36.92	29.31	24.12
#省定扶贫开发重点县	7	24.94	17.41	13.40	10.83
集中连片特殊困难地区	**91**	**46.88**	**32.23**	**25.41**	**20.78**
#国定集中连片特殊困难地区	85	49.06	33.76	26.45	21.60
①乌蒙山区	15	56.30	36.25	31.09	27.36
②石漠化区	12	31.29	23.14	19.47	16.43
③滇西边境山区	61	45.58	32.13	23.38	17.94
④藏区	3	83.82	63.68	56.23	42.28
边境县	**25**	**49.19**	**36.19**	**26.77**	**21.39**
少数民族自治地方县	**78**	**40.10**	**29.06**	**22.37**	**17.84**
#少数民族直过区	25	56.39	41.17	29.85	23.37
边疆少数民族深度贫困区域	**105**	**44.08**	**30.30**	**24.08**	**19.78**
#深度贫困县	41	59.88	40.36	31.48	25.81
革命老区县	**47**	**36.91**	**25.65**	**20.79**	**17.66**
县域经济县	**47**	**29.35**	**19.63**	**15.99**	**13.43**
三江沿线	**48**	**51.97**	**35.59**	**27.94**	**22.69**

5-10 2011-2013年分区域农村扶贫对象人口净减少数量

单位：人

区 域	县数	2011	2012	2013	2011-2013年累计
全省合计	**129**	**4540000**	**2100000**	**1430000**	**8070000**
扶贫开发重点县	**80**	**3840889**	**1795373**	**1224012**	**6860274**
#国定扶贫开发重点县	73	3596097	1660850	1136550	6393497
#省定扶贫开发重点县	7	244792	134523	87462	466777
集中连片特殊困难地区	**91**	**4083622**	**1982218**	**1316984**	**7382824**
#国定集中连片特殊困难地区	85	3975982	1941804	1288284	7206070
①乌蒙山区	15	1681386	420375	318171	2419932
②滇黔桂石漠化区	12	362004	167415	142030	671449
③滇西边境山区	61	1977374	1372352	812888	4162614
④藏区	3	62858	22076	43895	128829
边境县	**25**	**658695**	**501389**	**292480**	**1452564**
少数民族自治地方县	**78**	**2058682**	**1319710**	**862401**	**4240793**
#少数民族直过区	25	724731	567795	334659	1627185
边疆少数民族深度贫困区域	**105**	**4370851**	**2049737**	**1394764**	**7815352**
#深度贫困县	41	2414062	1108790	719822	4242674
革命老区县	**47**	**1924654**	**834759**	**550269**	**3309682**
县域经济县	**47**	**1615380**	**640692**	**434551**	**2690623**
三江沿线	**48**	**2024505**	**966239**	**655971**	**3646715**

5-11 2011-2013年分区域农村扶贫对象人口下降率

单位：%

区 域	县数	2011	2012	2013	2011-2013年累计
全省合计	**129**	**30.93**	**20.71**	**17.79**	**54.97**
扶贫开发重点县	**80**	**30.70**	**20.71**	**17.81**	**54.84**
#国定扶贫开发重点县	73	30.80	20.56	17.71	54.76
#省定扶贫开发重点县	7	29.33	22.81	19.21	55.92
集中连片特殊困难地区	**91**	**30.73**	**21.53**	**18.23**	**55.55**
#国定集中连片特殊困难地区	85	30.70	21.64	18.32	55.64
①乌蒙山区	15	35.40	13.70	12.02	50.96
②滇黔桂石漠化区	12	25.17	15.55	15.63	46.68
③滇西边境山区	61	28.91	28.22	23.29	60.85
④藏区	3	24.00	11.09	24.80	49.19
边境县	**25**	**25.18**	**25.61**	**20.09**	**55.52**
少数民族自治地方县	**78**	**26.95**	**23.65**	**20.24**	**55.51**
#少数民族直过区	25	25.56	26.89	21.68	57.38
边疆少数民族深度贫困区域	**105**	**30.72**	**20.80**	**17.87**	**54.93**
#深度贫困县	41	32.11	21.73	18.02	56.44
革命老区县	**47**	**30.01**	**18.59**	**15.06**	**51.60**
县域经济县	**47**	**32.51**	**19.11**	**16.02**	**54.15**
三江沿线	**48**	**31.24**	**21.68**	**18.80**	**56.27**

5-12 2010-2013年各州市县农村扶贫对象人口

单位：人

地 区	2010	2011	2012	2013
昆明市	457021	337486	315268	272798
五华区	114	74	58	45
盘龙区	665	430	292	215
官渡区	2388	1093	943	653
西山区	3000	1374	846	576
东川区	167467	119896	118074	103409
呈贡区	4259	2765	2157	1653
晋宁县	3369	2315	1602	1188
富民县	4715	3030	2043	1521
宜良县	10309	6579	4671	3556
石林县	5110	3273	2306	1740
嵩明县	15736	10186	7434	5823
禄劝县	62224	48631	41010	36039
寻甸县	173215	135433	131822	114783
安宁市	4450	2408	2010	1597
曲靖市	1647186	1238018	1037371	901892
麒麟区	25066	16988	12382	9457
马龙县	43511	29848	24513	23031
陆良县	49810	37814	30817	27094
师宗县	158760	112824	99365	85706
罗平县	112130	70672	50582	39363
富源县	172736	116155	110280	96130
会泽县	716114	577192	470810	415000
沾益县	28169	22288	18542	16543
宣威市	340890	254238	220080	189568

5-12 续表 1

单位：人

地 区	2010	2011	2012	2013
玉溪市	261755	152935	134954	113418
红塔区	16880	10616	9227	7342
江川县	33486	16794	15692	12984
澄江县	17287	8916	8193	6658
通海县	17030	9901	6544	4901
华宁县	27317	16416	15095	12444
易门县	32284	19174	17482	14943
峨山县	27682	16927	15301	13069
新平县	43030	26160	22168	19253
元江县	46759	28032	25252	21824
保山市	796960	574177	431073	327654
隆阳区	229523	159499	118340	90197
施甸县	166729	124113	97366	72263
腾冲县	122540	87917	66101	53984
龙陵县	115217	84541	62786	47104
昌宁县	162951	118107	86480	64106
昭通市	3327546	1948057	1691743	1493559
昭阳区	422470	222165	196140	175649
鲁甸县	258260	156040	138659	114393
巧家县	346344	204958	179417	160802
盐津县	211141	122117	104749	91990
大关县	196438	119609	108207	99311
永善县	334205	197102	170508	151342
绥江县	95588	54017	51795	46602
镇雄县	937734	567223	462797	398825

5-12 续表 2

单位：人

地 区	2010	2011	2012	2013
彝良县	372022	219037	205371	189622
威信县	115232	66152	58841	52402
水富县	38112	19639	15259	12621
丽江市	415966	253049	181267	140954
古城区	9463	3345	2454	1863
玉龙县	55441	30957	20967	15319
永胜县	178482	108229	74431	57903
华坪县	37066	23047	18773	15624
宁蒗县	135514	87472	64642	50245
普洱市	1240055	885199	648493	516297
思茅区	28115	18412	16160	15621
宁洱县	34735	24352	16851	12937
墨江县	192086	142080	99236	80758
景东县	155901	104527	70437	52799
景谷县	123260	80384	59715	46822
镇沅县	77996	55244	43082	31994
江城县	86119	61206	42547	32966
孟连县	66654	47408	35532	27588
澜沧县	400218	297285	228405	186896
西盟县	74971	54301	36528	27916
临沧市	941016	607484	423377	312797
临翔区	94906	64644	48843	37629
凤庆县	209265	122513	88842	66161
云 县	113628	70996	52781	37500

5-12 续表 3

单位：人

地 区	2010	2011	2012	2013
永德县	136010	88120	60076	43560
镇康县	100686	67225	43551	32388
双江县	78342	52767	35767	25592
耿马县	98000	65959	45204	32763
沧源县	110179	75260	48313	37204
楚雄州	703851	496856	379506	300686
楚雄市	64553	42502	36616	32228
双柏县	73882	51778	34053	23997
牟定县	30243	22486	15301	11212
南华县	68275	47690	34303	24798
姚安县	70384	47034	32445	23549
大姚县	97885	70446	47620	33670
永仁县	54159	41765	29114	21230
元谋县	36437	24406	21509	18214
武定县	167235	123813	107145	92852
禄丰县	40798	24936	21400	18936
红河州	1784577	1354711	1038110	826007
个旧市	21435	14632	12033	10109
开远市	49365	32809	26400	22203
蒙自市	112597	82715	70500	60379
屏边县	124111	106484	96106	71983
建水县	103567	75917	65366	57740
石屏县	84910	62508	44749	32666
弥勒市	78072	57163	48314	42702
泸西县	87042	64010	55646	48576

5-12 续表 4

单位：人

地　区	2010	2011	2012	2013
元阳县	370504	274320	202343	155746
红河县	282289	209629	148488	111590
金平县	252675	187833	131951	104576
绿春县	194180	170965	122289	95181
河口县	23830	15726	13925	12556
文山州	956354	722403	607279	521320
文山市	74483	53661	50534	43084
砚山县	98930	75695	60210	50018
西畴县	52877	39801	33758	29042
麻栗坡县	119929	90743	74615	64399
马关县	130034	98806	92555	81264
丘北县	114667	86471	69051	58369
广南县	223777	169314	140883	123561
富宁县	141657	107913	85673	71583
西双版纳州	153187	113649	81156	60748
景洪市	23925	18064	14433	11932
勐海县	77180	55715	35382	25499
勐腊县	52082	39870	31341	23317
大理州	1063600	737790	504727	384006
大理市	40448	26125	19683	16068
漾濞县	42738	27727	19128	14218
祥云县	95082	60142	42264	31641
宾川县	105558	71624	45887	33497

5-12 续表 5

单位：人

地 区	2010	2011	2012	2013
弥渡县	169569	117178	81444	65230
南涧县	148913	103289	70025	52675
巍山县	83773	59530	39365	29205
永平县	61291	43645	29591	22517
云龙县	105956	76283	51688	38328
洱源县	57764	41355	29407	21860
剑川县	77337	55894	38007	28636
鹤庆县	75171	54998	38238	30131
德宏州	269581	206206	148767	113109
瑞丽市	22009	14958	13846	12001
芒 市	41628	30619	23266	16702
梁河县	69215	53780	40060	30663
盈江县	80879	63411	42558	32217
陇川县	55850	43438	29037	21526
怒江州	399435	312927	239933	191674
泸水县	112976	73051	57421	47242
福贡县	84180	78205	57065	47888
贡山县	28600	27085	21790	16942
兰坪县	173679	134585	103657	79602
迪庆州	261910	199052	176976	133081
香格里拉县	94284	68576	58929	45028
德钦县	48565	38613	30719	23063
维西县	119061	91863	87328	64990

5-13 2011-2013年各州市县农村扶贫对象人口净减少数量

单位：人

地 区	2011	2012	2013	2011-2013年累计
昆明市	119534	22219	42470	184223
五华区	40	16	13	69
盘龙区	235	138	77	450
官渡区	1295	150	290	1735
西山区	1626	528	270	2424
东川区	47571	1822	14665	64058
呈贡区	1494	608	504	2606
晋宁县	1054	713	414	2181
富民县	1685	987	522	3194
宜良县	3730	1908	1115	6753
石林县	1837	967	566	3370
嵩明县	5550	2752	1611	9913
禄劝县	13593	7621	4971	26185
寻甸县	37782	3611	17039	58432
安宁市	2042	398	413	2853
曲靖市	409167	200648	135479	745294
麒麟区	8078	4606	2925	15609
马龙县	13663	5335	1482	20480
陆良县	11996	6997	3723	22716
师宗县	45936	13459	13659	73054
罗平县	41458	20090	11219	72767
富源县	56581	5875	14150	76606
会泽县	138922	106382	55810	301114
沾益县	5881	3746	1999	11626
宣威市	86652	34158	30512	151322

5-13 续表 1

单位：人

地 区	2011	2012	2013	2011-2013年累计
玉溪市	108819	17982	21536	148337
红塔区	6264	1389	1885	9538
江川县	16692	1102	2708	20502
澄江县	8371	723	1535	10629
通海县	7129	3357	1643	12129
华宁县	10901	1321	2651	14873
易门县	13110	1692	2539	17341
峨山县	10755	1626	2232	14613
新平县	16870	3992	2915	23777
元江县	18727	2780	3428	24935
保山市	222784	143103	103419	469306
隆阳区	70025	41158	28143	139326
施甸县	42616	26747	25103	94466
腾冲县	34623	21816	12117	68556
龙陵县	30676	21755	15682	68113
昌宁县	44844	31627	22374	98845
昭通市	1379488	256315	198184	1833987
昭阳区	200305	26025	20491	246821
鲁甸县	102220	17381	24266	143867
巧家县	141386	25541	18615	185542
盐津县	89024	17368	12759	119151
大关县	76829	11402	8896	97127
永善县	137104	26593	19166	182863
绥江县	41571	2222	5193	48986
镇雄县	370511	104426	63972	538909

5-13 续表 2

单位：人

地 区	2011	2012	2013	2011-2013年累计
彝良县	152985	13666	15749	182400
威信县	49080	7311	6439	62830
水富县	18473	4380	2638	25491
丽江市	162916	71783	40313	275012
古城区	6118	891	591	7600
玉龙县	24484	9990	5648	40122
永胜县	70253	33798	16528	120579
华坪县	14019	4274	3149	21442
宁蒗县	48042	22830	14397	85269
普洱市	354857	236705	132196	723758
思茅区	9703	2252	539	12494
宁洱县	10383	7501	3914	21798
墨江县	50006	42844	18478	111328
景东县	51374	34090	17638	103102
景谷县	42876	20669	12893	76438
镇沅县	22752	12162	11088	46002
江城县	24913	18659	9581	53153
孟连县	19246	11876	7944	39066
澜沧县	102934	68879	41509	213322
西盟县	20670	17773	8612	47055
临沧市	333532	184107	110580	628219
临翔区	30262	15801	11214	57277
凤庆县	86752	33671	22681	143104
云 县	42632	18215	15281	76128

5-13 续表 3

单位：人

地 区	2011	2012	2013	2011-2013年累计
永德县	47890	28044	16516	92450
镇康县	33461	23674	11163	68298
双江县	25575	17000	10175	52750
耿马县	32041	20755	12441	65237
沧源县	34919	26947	11109	72975
楚雄州	206995	117350	78820	403165
楚雄市	22051	5886	4388	32325
双柏县	22104	17725	10056	49885
牟定县	7757	7185	4089	19031
南华县	20585	13387	9505	43477
姚安县	23350	14589	8896	46835
大姚县	27439	22826	13950	64215
永仁县	12394	12651	7884	32929
元谋县	12031	2897	3295	18223
武定县	43422	16668	14293	74383
禄丰县	15862	3536	2464	21862
红河州	429867	316600	212103	958570
个旧市	6803	2599	1924	11326
开远市	16556	6409	4197	27162
蒙自市	29882	12215	10121	52218
屏边县	17627	10378	24123	52128
建水县	27650	10551	7626	45827
石屏县	22402	17759	12083	52244
弥勒市	20909	8849	5612	35370
泸西县	23032	8364	7070	38466

5-13 续表 4

单位：人

地 区	2011	2012	2013	2011-2013年累计
元阳县	96185	71976	46597	214758
红河县	72660	61141	36898	170699
金平县	64842	55882	27375	148099
绿春县	23215	48676	27108	98999
河口县	8104	1801	1369	11274
文山州	233951	115124	85959	435034
文山市	20822	3127	7450	31399
砚山县	23235	15485	10192	48912
西畴县	13076	6043	4716	23835
麻栗坡县	29186	16128	10216	55530
马关县	31228	6251	11291	48770
丘北县	28196	17420	10682	56298
广南县	54464	28430	17322	100216
富宁县	33744	22240	14090	70074
西双版纳州	39538	32493	20408	92439
景洪市	5861	3631	2501	11993
勐海县	21465	20333	9883	51681
勐腊县	12212	8529	8024	28765
大理州	325810	233063	120721	679594
大理市	14323	6442	3615	24380
漾濞县	15011	8599	4910	28520
祥云县	34940	17878	10623	63441
宾川县	33934	25737	12390	72061

5-13 续表 5

单位：人

地 区	2011	2012	2013	2011-2013年累计
弥渡县	52391	35734	16214	104339
南涧县	45624	33264	17350	96238
巍山县	24243	20165	10160	54568
永平县	17646	14054	7074	38774
云龙县	29673	24595	13360	67628
洱源县	16409	11948	7547	35904
剑川县	21443	17887	9371	48701
鹤庆县	20173	16760	8107	45040
德宏州	63375	57439	35658	156472
瑞丽市	7051	1112	1845	10008
芒 市	11009	7353	6564	24926
梁河县	15435	13720	9397	38552
盈江县	17468	20853	10341	48662
陇川县	12412	14401	7511	34324
怒江州	86509	72993	48259	207761
泸水县	39925	15630	10179	65734
福贡县	5975	21140	9177	36292
贡山县	1515	5295	4848	11658
兰坪县	39094	30928	24055	94077
迪庆州	62858	22076	43895	128829
香格里拉县	25708	9647	13901	49256
德钦县	9952	7894	7656	25502
维西县	27198	4535	22338	54071

5-14 2010-2013年各州市县农村贫困发生率

单位：%

地 区	2010	2011	2012	2013
昆明市	15.24	11.22	10.50	9.09
五华区	0.21	0.13	0.10	0.08
盘龙区	2.03	1.27	0.94	0.69
官渡区	2.00	1.01	0.95	0.66
西山区	4.11	1.86	1.16	0.79
东川区	70.09	49.92	49.03	42.94
呈贡区	3.04	1.93	1.49	1.14
晋宁县	1.47	1.00	0.69	0.51
富民县	3.69	2.35	1.57	1.17
宜良县	2.77	1.75	1.25	0.95
石林县	2.44	1.55	1.11	0.83
嵩明县	4.72	3.03	2.19	1.71
禄劝县	14.09	11.00	9.26	8.13
寻甸县	34.76	27.08	26.21	22.82
安宁市	3.54	1.90	1.62	1.29
曲靖市	31.01	23.05	19.25	16.73
麒麟区	5.65	3.67	2.73	2.09
马龙县	24.16	16.50	13.75	12.92
陆良县	8.74	6.59	5.41	4.76
师宗县	43.16	28.19	24.60	21.22
罗平县	20.89	13.10	9.32	7.25
富源县	25.19	16.78	15.52	13.53
会泽县	83.14	69.46	55.65	49.05
沾益县	7.70	6.02	5.43	4.84
宣威市	26.22	19.27	16.38	14.11

5-14 续表 1

单位：%

地 区	2010	2011	2012	2013
玉溪市	14.44	8.37	7.38	6.21
红塔区	5.87	3.61	3.14	2.50
江川县	13.36	6.69	6.22	5.15
澄江县	12.05	6.19	5.65	4.59
通海县	6.93	4.01	2.63	1.97
华宁县	14.73	8.83	8.09	6.67
易门县	22.63	13.43	12.29	10.50
峨山县	21.98	13.43	12.12	10.35
新平县	17.42	10.42	8.85	7.68
元江县	25.46	15.20	13.82	11.94
保山市	35.01	24.99	19.05	14.48
隆阳区	29.67	20.52	15.94	12.15
施甸县	52.16	38.74	30.00	22.27
腾冲县	20.17	14.15	10.68	8.72
龙陵县	44.29	32.21	24.59	18.45
昌宁县	51.66	37.34	26.86	19.91
昭通市	64.57	37.52	32.56	28.74
昭阳区	60.71	31.56	27.52	24.64
鲁甸县	65.24	38.83	35.53	29.31
巧家县	65.28	38.34	35.14	31.49
盐津县	58.09	33.85	28.87	25.35
大关县	79.12	48.17	43.14	39.59
永善县	83.57	48.75	41.94	37.23
绥江县	67.21	39.67	38.02	34.21
镇雄县	67.56	40.32	32.56	28.06

5-14 续表 2

单位：%

地 区	2010	2011	2012	2013
彝良县	67.52	39.34	36.34	33.56
威信县	31.31	17.98	15.80	14.07
水富县	54.64	27.58	22.60	18.69
丽江市	40.92	24.70	17.74	13.79
古城区	11.20	3.88	2.85	2.16
玉龙县	27.23	15.18	10.33	7.55
永胜县	48.80	29.28	20.17	15.69
华坪县	28.81	18.08	14.77	12.29
宁蒗县	57.88	36.87	27.29	21.21
普洱市	59.36	42.08	30.36	24.17
思茅区	21.74	13.95	12.14	11.73
宁洱县	22.47	15.43	10.71	8.22
墨江县	63.70	47.03	32.83	26.72
景东县	46.87	31.33	21.09	15.81
景谷县	44.00	28.57	19.43	15.24
镇沅县	40.05	28.20	21.83	16.22
江城县	86.27	61.29	41.87	32.44
孟连县	57.15	40.21	29.88	23.20
澜沧县	99.10	73.17	56.03	45.85
西盟县	99.08	70.78	47.94	36.64
临沧市	46.59	29.95	20.73	15.32
临翔区	40.36	27.36	20.48	15.78
凤庆县	49.96	29.20	21.15	15.75
云 县	29.30	18.17	13.50	9.59

5-14 续表 3

单位：%

地　区	2010	2011	2012	2013
永德县	43.46	28.65	19.12	13.86
镇康县	66.03	43.74	28.07	20.87
双江县	53.83	35.00	23.66	16.93
耿马县	43.33	28.90	19.67	14.26
沧源县	78.36	53.17	33.90	26.10
楚雄州	31.37	22.10	16.91	13.40
楚雄市	17.67	11.65	9.99	8.79
双柏县	52.24	36.86	24.23	17.07
牟定县	16.15	11.96	8.09	5.93
南华县	31.71	22.18	15.78	11.41
姚安县	36.44	23.62	16.82	12.21
大姚县	38.22	27.51	18.58	13.14
永仁县	59.06	45.52	31.73	23.14
元谋县	19.10	12.77	11.25	9.53
武定县	66.90	49.81	42.93	37.20
禄丰县	11.56	7.06	6.13	5.43
红河州	50.31	37.92	28.81	22.92
个旧市	11.87	8.05	6.57	5.52
开远市	28.73	18.92	14.67	12.34
蒙自市	40.21	29.36	24.70	21.15
屏边县	96.61	82.98	74.34	55.68
建水县	23.13	16.84	14.28	12.62
石屏县	30.22	22.12	15.79	11.53
弥勒市	17.19	12.52	10.58	9.35
泸西县	24.41	17.83	16.16	14.11

5-14 续表 4

单位：%

地 区	2010	2011	2012	2013
元阳县	96.10	70.67	51.49	39.64
红河县	98.63	72.33	50.34	37.83
金平县	77.51	57.17	39.78	31.53
绿春县	95.88	83.22	56.64	44.08
河口县	50.98	33.48	28.94	26.09
文山州	29.82	22.41	18.70	16.05
文山市	20.47	14.62	13.57	11.57
砚山县	22.90	17.38	13.63	11.32
西畴县	22.52	16.81	14.22	12.23
麻栗坡县	46.40	35.09	28.88	24.93
马关县	38.80	29.64	27.72	24.34
丘北县	25.77	19.33	15.32	12.95
广南县	29.63	22.29	18.37	16.11
富宁县	37.03	28.01	22.17	18.52
西双版纳州	23.74	17.49	12.43	9.30
景洪市	10.03	7.50	6.03	4.99
勐海县	29.18	20.96	13.20	9.52
勐腊县	36.57	27.84	21.47	15.97
大理州	34.23	23.64	17.63	13.42
大理市	9.96	6.37	7.53	6.15
漾濞县	50.08	37.60	27.36	20.34
祥云县	21.28	13.43	9.41	7.04
宾川县	33.00	22.04	14.80	10.80

5-14 续表 5

单位：%

地 区	2010	2011	2012	2013
弥渡县	56.42	38.90	29.45	23.59
南涧县	70.24	48.92	36.76	27.65
巍山县	28.69	20.31	13.93	10.34
永平县	37.21	26.42	19.38	14.75
云龙县	53.69	38.37	26.28	19.48
洱源县	21.74	15.24	10.84	8.06
剑川县	46.67	33.56	26.20	19.74
鹤庆县	29.93	21.41	14.91	11.75
德宏州	28.76	20.85	14.86	11.30
瑞丽市	26.51	15.07	13.59	11.78
芒 市	13.78	9.78	7.34	5.27
梁河县	45.06	34.69	25.63	19.62
盈江县	32.18	24.41	16.21	12.27
陇川县	37.95	26.82	17.78	13.18
怒江州	91.67	71.07	53.92	43.08
泸水县	81.78	52.45	40.67	33.46
福贡县	95.59	87.15	62.96	52.83
贡山县	99.58	93.23	75.01	58.32
兰坪县	96.05	73.86	56.31	43.25
迪庆州	83.82	63.68	56.23	42.28
香格里拉县	80.40	57.88	49.44	37.78
德钦县	92.77	74.22	58.74	44.10
维西县	83.34	64.65	60.95	45.36

5-15 2011-2013年各州市县农村扶贫对象人口下降率

单位：%

地 区	2011	2012	2013	2011-2013年累计
昆明市	26.16	6.58	13.47	40.31
五华区	35.09	21.62	22.41	60.53
盘龙区	35.34	32.09	26.37	67.67
官渡区	54.23	13.72	30.75	72.65
西山区	54.20	38.43	31.91	80.80
东川区	28.41	1.52	12.42	38.25
呈贡区	35.08	21.99	23.37	61.19
晋宁县	31.29	30.80	25.84	64.74
富民县	35.74	32.57	25.55	67.74
宜良县	36.18	29.00	23.87	65.51
石林县	35.95	29.54	24.54	65.95
嵩明县	35.27	27.02	21.67	63.00
禄劝县	21.85	15.67	12.12	42.08
寻甸县	21.81	2.67	12.93	33.73
安宁市	45.89	16.53	20.55	64.11
曲靖市	24.84	16.21	13.06	45.25
麒麟区	32.23	27.11	23.62	62.27
马龙县	31.40	17.87	6.05	47.07
陆良县	24.08	18.50	12.08	45.61
师宗县	28.93	11.93	13.75	46.02
罗平县	36.97	28.43	22.18	64.90
富源县	32.76	5.06	12.83	44.35
会泽县	19.40	18.43	11.85	42.05
沾益县	20.88	16.81	10.78	41.27
宣威市	25.42	13.44	13.86	44.39

5-15 续表 1

单位：%

地 区	2011	2012	2013	2011-2013年累计
玉溪市	41.57	11.76	15.96	56.67
红塔区	37.11	13.08	20.43	56.50
江川县	49.85	6.56	17.26	61.23
澄江县	48.42	8.11	18.74	61.49
通海县	41.86	33.91	25.11	71.22
华宁县	39.91	8.05	17.56	54.45
易门县	40.61	8.82	14.52	53.71
峨山县	38.85	9.61	14.59	52.79
新平县	39.21	15.26	13.15	55.26
元江县	40.05	9.92	13.58	53.33
保山市	27.95	24.92	23.99	58.89
隆阳区	30.51	25.80	23.78	60.70
施甸县	25.56	21.55	25.78	56.66
腾冲县	28.25	24.81	18.33	55.95
龙陵县	26.62	25.73	24.98	59.12
昌宁县	27.52	26.78	25.87	60.66
昭通市	41.46	13.16	11.71	55.12
昭阳区	47.41	11.71	10.45	58.42
鲁甸县	39.58	11.14	17.50	55.71
巧家县	40.82	12.46	10.38	53.57
盐津县	42.16	14.22	12.18	56.43
大关县	39.11	9.53	8.22	49.44
永善县	41.02	13.49	11.24	54.72
绥江县	43.49	4.11	10.03	51.25
镇雄县	39.51	18.41	13.82	57.47

5-15 续表 2

单位：%

地 区	2011	2012	2013	2011-2013年累计
彝良县	41.12	6.24	7.67	49.03
威信县	42.59	11.05	10.94	54.52
水富县	48.47	22.30	17.29	66.88
丽江市	39.17	28.37	22.24	66.11
古城区	64.65	26.64	24.08	80.31
玉龙县	44.16	32.27	26.94	72.37
永胜县	39.36	31.23	22.21	67.56
华坪县	37.82	18.54	16.77	57.85
宁蒗县	35.45	26.10	22.27	62.92
普洱市	28.62	26.74	20.39	58.36
思茅区	34.51	12.23	3.34	44.44
宁洱县	29.89	30.80	23.23	62.76
墨江县	26.03	30.15	18.62	57.96
景东县	32.95	32.61	25.04	66.13
景谷县	34.79	25.71	21.59	62.01
镇沅县	29.17	22.02	25.74	58.98
江城县	28.93	30.49	22.52	61.72
孟连县	28.87	25.05	22.36	58.61
澜沧县	25.72	23.17	18.17	53.30
西盟县	27.57	32.73	23.58	62.76
临沧市	35.44	30.31	26.12	66.76
临翔区	31.89	24.44	22.96	60.35
凤庆县	41.46	27.48	25.53	68.38
云 县	37.52	25.66	28.95	67.00

5-15 续表 3

单位：%

地 区	2011	2012	2013	2011-2013年累计
永德县	35.21	31.82	27.49	67.97
镇康县	33.23	35.22	25.63	67.83
双江县	32.65	32.22	28.45	67.33
耿马县	32.69	31.47	27.52	66.57
沧源县	31.69	35.81	22.99	66.23
楚雄州	29.41	23.62	20.77	57.28
楚雄市	34.16	13.85	11.98	50.08
双柏县	29.92	34.23	29.53	67.52
牟定县	25.65	31.95	26.72	62.93
南华县	30.15	28.07	27.71	63.68
姚安县	33.18	31.02	27.42	66.54
大姚县	28.03	32.40	29.29	65.60
永仁县	22.88	30.29	27.08	60.80
元谋县	33.02	11.87	15.32	50.01
武定县	25.96	13.46	13.34	44.48
禄丰县	38.88	14.18	11.51	53.59
红河州	24.09	23.37	20.43	53.71
个旧市	31.74	17.76	15.99	52.84
开远市	33.54	19.53	15.90	55.02
蒙自市	26.54	14.77	14.36	46.38
屏边县	14.20	9.75	25.10	42.00
建水县	26.70	13.90	11.67	44.25
石屏县	26.38	28.41	27.00	61.53
弥勒市	26.78	15.48	11.62	45.30
泸西县	26.46	13.07	12.71	44.19

5-15 续表 4

单位：%

地 区	2011	2012	2013	2011-2013年累计
元阳县	25.96	26.24	23.03	57.96
红河县	25.74	29.17	24.85	60.47
金平县	25.66	29.75	20.75	58.61
绿春县	11.96	28.47	22.17	50.98
河口县	34.01	11.45	9.83	47.31
文山州	24.46	15.94	14.15	45.49
文山市	27.96	5.83	14.74	42.16
砚山县	23.49	20.46	16.93	49.44
西畴县	24.73	15.18	13.97	45.08
麻栗坡县	24.34	17.77	13.69	46.30
马关县	24.02	6.33	12.20	37.51
丘北县	24.59	20.15	15.47	49.10
广南县	24.34	16.79	12.30	44.78
富宁县	23.82	20.61	16.45	49.47
西双版纳州	25.81	28.59	25.15	60.34
景洪市	24.50	20.10	17.33	50.13
勐海县	27.81	36.49	27.93	66.96
勐腊县	23.45	21.39	25.60	55.23
大理州	30.63	31.59	23.92	63.90
大理市	35.41	24.66	18.37	60.27
漾濞县	35.12	31.01	25.67	66.73
祥云县	36.75	29.73	25.13	66.72
宾川县	32.15	35.93	27.00	68.27

5-15 续表 5

单位：%

地 区	2011	2012	2013	2011-2013年累计
弥渡县	30.90	30.50	19.91	61.53
南涧县	30.64	32.20	24.78	64.63
巍山县	28.94	33.87	25.81	65.14
永平县	28.79	32.20	23.91	63.26
云龙县	28.01	32.24	25.85	63.83
洱源县	28.41	28.89	25.66	62.16
剑川县	27.73	32.00	24.66	62.97
鹤庆县	26.84	30.47	21.20	59.92
德宏州	23.51	27.86	23.97	58.04
瑞丽市	32.04	7.43	13.33	45.47
芒 市	26.45	24.01	28.21	59.88
梁河县	22.30	25.51	23.46	55.70
盈江县	21.60	32.89	24.30	60.17
陇川县	22.22	33.15	25.87	61.46
怒江州	21.66	23.33	20.11	52.01
泸水县	35.34	21.40	17.73	58.18
福贡县	7.10	27.03	16.08	43.11
贡山县	5.30	19.55	22.25	40.76
兰坪县	22.51	22.98	23.21	54.17
迪庆州	24.00	11.09	24.80	49.19
香格里拉县	27.27	14.07	23.59	52.24
德钦县	20.49	20.44	24.92	52.51
维西县	22.84	4.94	25.58	45.41

5-16　2007-2013年农户固定资产投资情况

单位：万元、万平方米

指　　标	2007	2008	2009	2010	2011	2012	2013
本年新增固定资产原值	1444263	1453263	1563247	1897245	2017427	2178821	3366211
本年固定资产投资完成额	1625072	1715072	1903729	2197863	2582489	2776175	3464679
按投资来源分							
国内贷款	125598	225678	140041	160625	189335	204482	81702
自筹资金	1396649	1367559	1617487	1897239	2250201	2425716	3186498
其他资金	102825	121835	146201	139999	142953	145977	196479
按投资构成分							
建筑工程	1121858	1181858	1264926	1487165	1751389	1880248	2582570
其中：水利	30105	40105	3333	35363	38263	41324	50696
房屋	1091753	1141753	1261593	1451802	1713126	1838924	2430827
#住宅	965960	1015960	1184578	1382308	1627469	1746978	2233319
安装工程	185163	165163	263071				
设备工器具购置	140669	160669	232188	426571	454127	494998	479561
其中：生产设备	70335	81345	113990	378676	404067	440548	479561
其它	177382	207382	143544	284127	376973	400929	402548
按投资方向分							
农业	275941	433726	459847	490718	580312	626156	873557
采矿业	12400	22415	5947	4701	921	947	944
制造业	3344	5433	386	697	4523	4930	13014
电力、燃气及水的生产和供应业			8554				662

5-16 续表

单位：万元、万平方米

指　　标	2007	2008	2009	2010	2011	2012	2013
建筑业	3869	3683	81844	348	1622	1720	13560
交通运输、仓储和邮政业	73623	81526	78309				224868
信息传输、计算机服务和软件业							
批发和零售业	11638	12158	869	34826	38256	42082	76247
住宿和餐饮业	152504	14378	4774	179408	204453	216720	1612
房地产业	1091753	1141753	1261593	1451802	1713126	1838924	2244374
居民服务和其他服务业				35363	40736	44696	14144
文化、体育和娱乐业			1606				
按具体投资项目分							
房屋	1091753	1141753	1261593	1451802	1713126	1838924	2430827
#住宅	965960	105960	1184578	1382308	1627469	1746978	2233319
设备	140669	160669	232188	426571	454127	494998	479561
水利	30105	40105	3333	35363	38263	41324	50696
其它	362545	372545	406615	284127	376973	400929	503595
本年施工房屋面积	4176	4277	3610	3883	4294	4637	6545
其中：住宅	3722	3822	3140	3625	4142	4452	5821
其中：当年新开工	3580	3651	3443	2912	3700	3725	4923
本年竣工房屋面积	3957	4017	3079	3716	4157	4531	5327
其中：住宅	3515	3715	2624	3458	3824	4077	4840
本年竣工房屋投资完成额	1011089	1095753	1214578	1397308	1644600	1765367	2282084
其中：住宅	876837	967853	986724	1235701	1448447	1554810	2069322

主要统计指标解释

农村扶贫标准 又称农村贫困线。指在一定的时间、空间和社会发展阶段的条件下，维持人们的基本生存所必需消费的物品和服务的最低费用。以农民人均纯收入表述。从国家统计局农村贫困及扶贫标准的制定历程看: 1990 年时利用“食物份额法”确定我国农村贫困线为 300 元。1995 年以来利用世行“马丁法”测算农村贫困线，2000 年测定农村贫困线为 625 元（2000 年价）（按购买力平价折算相当于 75 美分一天）。2000 年，根据国家扶贫规划（2001-2010）需要制定了低收入人口标准，低收入人口标准为 865 元（2000 年价）（按购买力平价折算相当于一美元一天）。2010 年，按照新阶段国家扶贫规划（2011-2020）“不愁吃，不愁穿，享受基本的住房、医疗和教育”高标准扶贫目标，在低收入人口标准的基础上，增加了温饱质量和非食物标准，确定新阶段农村扶持对象标准为 2300 元（2010 年价）。

农村贫困人口规模 也称农村贫困人口数量。是反映一个地区贫困规模状况的重要指标，也是安排扶贫项目资金的关键因素指标。农村贫困人口规模数据测算，是通过国家农村贫困监测调查数据，首先测算出当年农村贫困发生率，再用农村贫困发生率乘以乡村人口得来。

农村贫困发生率 也称农村贫困人口比重指数。指农村贫困人口占乡村人口的百分比。是反映一个地区的贫困状况的广度指标，是贫困测量的核心指标。按照国家统计局农民人纯收入低于 865 元（2000 年不变价）的贫困标准，云南农村贫困发生率从 2000 年的 29.6%，逐年显著下降至 2010 年的 8.8%。

农村扶贫对象人口下降率 指当年农村扶贫对象净减少人口除以上年末农村扶贫对象人口存量的比率。是反映一个地区的减贫及贫困缓解程度的重要指标。

扶贫开发重点县 是扶贫开发工作重点县的简称。是部分实施经济扶持的县级行政区特定称谓。云南省扶贫开发重点县共 80 个县（区、市），包括: 一是国定扶贫开发重点县共 73 个县（区、市），是国务院扶贫开发领导小组办公室根据《中国农村扶贫开发纲要(2001-2010 年)》要求，2001 年将云南省扶贫开发任务重、贫困人口相对集中的 73 个县（区、市），通过严格的资格认定，确定为国家级扶贫开发工作重点县。二是省定扶贫开发重点县共 7 个县（区、市），是云南省扶贫开发领导小组办公室根据《云南农村扶贫开发纲要(2001-2010 年)》要求，2001 年将云南省扶贫开发任务重、贫困人口相对集中，但尚未达到国家级扶贫开发工作重点县标准的 7 个县（区、市），通过严格的省级资格认定，确定为省级扶贫开发工作重点县，这些县在云南省内享受与国家级扶贫开发工作重点县同样的扶持待遇。

集中连片特殊困难地区 简称集中连片特困地区或片区。是新阶段部分实施经济扶持的县级行政区特定称谓。2011 年，国务院授权发布《中国农村扶贫开发纲要（2011—2020 年）》明确指出: 国家将全国 14 个集中连片特困地区作为扶贫攻坚主战场。云南省集中连片特困地区，包括乌蒙山区、滇桂黔石漠化区、滇西边境山区和四省藏区四大片区，共 91 个县（区、市）。包括两部分: 一是国定集中连片特困地区县，共 85 个县（区、市）。二是省定集中连片特困地区县共 6 个县（区、市），是云南省扶贫开发领导小组办公室根据《云南农村扶贫开发纲要(2011-2020 年)》要求，2011 年将云南省扶贫开发任务重、贫困人口相对集中或处于国家级集中连片特困地区范围的古城区、腾冲县、思茅区、楚雄市、文山市、大理市等 6 个县（区、市），作为嵌入县或天窗县，纳入集中连片特困地区。这些县在云南省内享受与国家级集中连片特困地区同样的扶持待遇。

乌蒙山区: 指国家集中连片特困地区的乌蒙山区涉及云南省的 15 个县（区、市），分别是: 寻甸县、禄劝县、会泽县、宣威市、昭阳区、大关县、鲁甸县、巧家县、绥江县、盐津县、彝良县、永善县、威信县、镇雄县、武定县。

滇西边境山区：指集中连片特困地区的滇西边境山区 61 个县。涵盖保山市、丽江市、普洱市、临沧市、楚雄彝族自治州、红河哈尼族彝族自治州、西双版纳傣族自治州、大理白族自治州、德宏傣族景颇族自治州和怒江傈僳族自治州等 10 个市州的56个国定集中连片特困地区县（区、市），和列为省定集中连片特困地区县的5个（区、市）。56个国定集中连片特困地区县（区、市）分别是：隆阳区、施甸县、龙陵县、昌宁县、玉龙县、永胜县、宁蒗县、宁洱县、墨江县、景东县、景谷县、镇沅县、江城县、孟连县、澜沧县、西盟县、临翔区、凤庆县、云县、永德县、镇康县、双江县、耿马县、沧源县、双柏县、牟定县、南华县、大姚县、姚安县、永仁县、泸水县、福贡县、贡山县、兰坪县、勐海县、勐腊县、漾濞县、祥云县、宾川县、弥渡县、南涧县、巍山县、永平县、云龙县、洱源县、剑川县、鹤庆县、芒市、梁河县、盈江县、陇川县、石屏县、元阳县、红河县、金平县、绿春县。5 个省定集中连片特困地区县（区、市）分别是：腾冲县、古城区、思茅区、楚雄市、大理市。

石漠化区：指国家集中连片特困地区的滇黔桂石漠化区涉及云南省的 11 个县（区、市），和列为省定集中连片特困地区的文山市，共12个县(区、市）。分别是泸西县、屏边县、西畴县、富宁县、广南县、麻栗坡、马关县、丘北县、砚山县、师宗县、罗平县和文山市。

藏区：指国家集中连片特困地区的四省藏区涉及云南的迪庆藏族自治州的3个县，发别是：香格里拉县、德钦县、维西县。

六　附　录

附录1-1 2005-2013年全国及各地区城镇居民家庭人均可支配收入

单位：元

地 区	2005	2006	2007	2008	2009	2010	2011	2012	2013
全 国	**10493**	**11759**	**13786**	**15781**	**17175**	**19109**	**21810**	**24565**	**26955**
北 京	17653	19978	21989	24725	26738	29073	32903	36469	40321
天 津	12639	14283	16357	19423	21402	24293	26921	29626	32294
河 北	9107	10305	11690	13441	14718	16263	18292	20543	22580
山 西	8914	10028	11565	13119	13997	15648	18124	20412	22456
内蒙古	9137	10358	12378	14433	15849	17698	20408	23150	25497
辽 宁	9108	10370	12300	14393	15761	17713	20467	23223	25578
吉 林	8691	9775	11286	12829	14006	15411	17797	20208	22275
黑龙江	8273	9182	10245	11581	12566	13857	15696	17760	19597
上 海	18645	20668	23623	26675	28838	31838	36230	40188	43851
江 苏	12319	14084	16378	18680	20552	22944	26341	29677	32538
浙 江	16294	18265	20574	22727	24611	27359	30971	34550	37851
安 徽	8471	9771	11474	12990	14086	15788	18606	21024	23114
福 建	12321	13753	15506	17961	19577	21781	24907	28055	30816
江 西	8620	9551	11452	12866	14022	15481	17495	19860	21873
山 东	10745	12192	14265	16305	17811	19946	22792	25755	28264
河 南	8668	9810	11477	13231	14372	15930	18195	20443	22398
湖 北	8786	9803	11486	13153	14367	16058	18374	20840	22906
湖 南	9524	10505	12294	13821	15084	16566	18844	21319	23414
广 东	14770	16016	17699	19733	21575	23898	26897	30227	33090
广 西	9287	9899	12200	14146	15451	17064	18854	21243	23305
海 南	8124	9395	10997	12608	13751	15581	18369	20918	22929
重 庆	10243	11570	12591	14368	15749	17532	20250	22968	25216
四 川	8386	9350	11098	12633	13839	15461	17899	20307	22368
贵 州	8151	9117	10678	11759	12863	14143	16495	18701	20667
云 南	**9266**	**10070**	**11496**	**13250**	**14424**	**16065**	**18576**	**21075**	**23236**
西 藏	9431	8941	11131	12482	13544	14980	16196	18028	20023
陕 西	8272	9268	10763	12858	14129	15695	18245	20734	22858
甘 肃	8087	8921	10012	10969	11930	13189	14989	17157	18965
青 海	8058	9000	10276	11640	12692	13855	15603	17566	19499
宁 夏	8094	9177	10859	12932	14025	15344	17579	19831	21833
新 疆	7990	8871	10313	11432	12258	13644	15514	17921	19874

附录1-2 2005-2013年全国及各地区农村居民家庭人均纯收入

单位：元

地区	2005	2006	2007	2008	2009	2010	2011	2012	2013
全国	**3255**	**3587**	**4140**	**4761**	**5153**	**5919**	**6977**	**7917**	**8896**
北京	7346	8276	9440	10662	11669	13262	14736	16476	18337
天津	5580	6228	7010	7911	8688	10075	12321	14026	15841
河北	3482	3802	4293	4795	5150	5958	7120	8081	9102
山西	2891	3181	3666	4097	4244	4736	5601	6357	7154
内蒙古	2989	3342	3953	4656	4938	5530	6642	7611	8596
辽宁	3690	4090	4773	5576	5958	6908	8297	9384	10523
吉林	3264	3641	4191	4933	5266	6237	7510	8598	9621
黑龙江	3221	3552	4132	4856	5207	6211	7591	8604	9634
上海	8248	9139	10145	11440	12483	13978	16054	17804	19595
江苏	5276	5813	6561	7356	8004	9118	10805	12202	13598
浙江	6660	7335	8265	9258	10007	11303	13071	14552	16106
安徽	2641	2969	3556	4202	4504	5285	6232	7161	8098
福建	4450	4835	5467	6196	6680	7427	8779	9967	11184
江西	3129	3460	4045	4697	5075	5789	6892	7829	8781
山东	3931	4368	4985	5641	6119	6990	8342	9447	10620
河南	2871	3261	3852	4454	4807	5524	6604	7525	8475
湖北	3099	3419	3998	4656	5035	5832	6898	7852	8867
湖南	3118	3390	3904	4512	4909	5622	6567	7440	8372
广东	4691	5080	5624	6400	6907	7890	9372	10543	11669
广西	2495	2771	3224	3690	3980	4543	5231	6008	6791
海南	3004	3256	3791	4390	4744	5275	6446	7408	8343
重庆	2809	2874	3509	4126	4478	5277	6480	7383	8332
四川	2803	3002	3547	4121	4462	5087	6129	7001	7895
贵州	1877	1985	2374	2797	3005	3472	4145	4753	5434
云南	**2042**	**2251**	**2634**	**3103**	**3369**	**3952**	**4722**	**5417**	**6141**
西藏	2078	2435	2788	3176	3532	4139	4904	5719	6578
陕西	2053	2260	2645	3136	3438	4105	5028	5763	6503
甘肃	1980	2134	2329	2724	2980	3425	3909	4507	5108
青海	2152	2358	2684	3061	3346	3863	4608	5364	6196
宁夏	2509	2760	3181	3681	4048	4675	5410	6180	6931
新疆	2482	2737	3183	3503	3883	4643	5442	6394	7296

附录1-3 2005-2013年全国及各地区居民消费价格指数

(上年价格=100)

地 区	2005	2006	2007	2008	2009	2010	2011	2012	2013
全 国	**101.8**	**101.5**	**104.8**	**105.9**	**99.3**	**103.3**	**105.4**	**102.6**	**102.6**
北 京	101.5	100.9	102.4	105.1	98.5	102.4	105.6	103.3	103.3
天 津	101.5	101.5	104.2	105.4	99.0	103.5	104.9	102.7	103.1
河 北	101.8	101.7	104.7	106.2	99.3	103.1	105.7	102.6	103.0
山 西	102.3	102.0	104.6	107.2	99.6	103.0	105.2	102.5	103.1
内蒙古	102.4	101.5	104.6	105.7	99.7	103.2	105.6	103.1	103.2
辽 宁	101.4	101.2	105.1	104.6	100.0	103.0	105.2	102.8	102.4
吉 林	101.5	101.4	104.8	105.1	100.1	103.7	105.2	102.5	102.9
黑龙江	101.2	101.9	105.4	105.6	100.2	103.9	105.8	103.2	102.2
上 海	101.0	101.2	103.2	105.8	99.6	103.1	105.2	102.8	102.3
江 苏	102.1	101.6	104.3	105.4	99.6	103.8	105.3	102.6	102.3
浙 江	101.3	101.1	104.2	105.0	98.5	103.8	105.4	102.2	102.3
安 徽	101.4	101.2	105.3	106.2	99.1	103.1	105.6	102.3	102.4
福 建	102.2	100.8	105.2	104.6	98.2	103.2	105.3	102.4	102.5
江 西	101.7	101.2	104.8	106.0	99.3	103.0	105.2	102.7	102.5
山 东	101.7	101.0	104.4	105.3	100.0	102.9	105.0	102.1	102.2
河 南	102.1	101.3	105.4	107.0	99.4	103.5	105.6	102.5	102.9
湖 北	102.9	101.6	104.8	106.3	99.6	102.9	105.8	102.9	102.8
湖 南	102.3	101.4	105.6	106.0	99.6	103.1	105.5	102.0	102.5
广 东	102.3	101.8	103.7	105.6	97.7	103.1	105.3	102.8	102.5
广 西	102.4	101.3	106.1	107.8	97.9	103.0	105.9	103.2	102.2
海 南	101.5	101.5	105.0	106.9	99.3	104.8	106.1	103.2	102.8
重 庆	100.8	102.4	104.7	105.6	98.4	103.2	105.3	102.6	102.7
四 川	101.7	102.3	105.9	105.1	100.8	103.2	105.3	102.5	102.8
贵 州	101.0	101.7	106.4	107.6	98.7	102.9	105.1	102.7	102.5
云 南	**101.4**	**101.9**	**105.9**	**105.7**	**100.4**	**103.7**	**104.9**	**102.7**	**103.1**
西 藏	101.5	102.0	103.4	105.7	101.4	102.2	105.0	103.5	103.6
陕 西	101.2	101.5	105.1	106.4	100.5	104.0	105.7	102.8	103.0
甘 肃	101.7	101.3	105.5	108.2	101.3	104.1	105.9	102.7	103.2
青 海	100.8	101.6	106.6	110.1	102.6	105.4	106.1	103.1	103.9
宁 夏	101.5	101.9	105.4	108.5	100.7	104.1	106.3	102.0	103.4
新 疆	100.7	101.3	105.5	108.1	100.7	104.3	105.9	103.8	103.9

附录1-4　2005-2013年全国及各地区商品零售价格指数

(上年价格=100)

地　区	2005	2006	2007	2008	2009	2010	2011	2012	2013
全　国	**100.8**	**101.0**	**103.8**	**105.9**	**98.8**	**103.1**	**104.9**	**102.0**	**101.4**
北　京	99.7	100.2	100.8	104.4	97.8	100.4	103.2	100.6	99.8
天　津	99.9	100.4	103.2	105.1	98.9	103.4	104.7	103.0	101.7
河　北	101.1	101.5	104.1	106.7	99.0	103.1	105.0	102.2	102.2
山　西	100.3	101.2	104.2	107.2	99.1	102.3	104.9	101.8	101.8
内蒙古	101.5	101.4	103.6	104.7	99.5	103.0	104.9	102.5	102.6
辽　宁	100.1	101.3	104.4	105.3	99.8	103.2	105.0	102.2	101.6
吉　林	101.1	101.5	103.3	106.2	99.3	104.1	104.9	101.7	101.6
黑龙江	100.4	101.5	105.6	105.8	98.9	103.1	104.5	102.2	101.1
上　海	99.4	100.2	102.4	105.3	99.4	101.7	104.1	101.2	100.2
江　苏	100.3	100.8	102.9	104.9	98.9	103.2	104.6	102.1	101.4
浙　江	100.9	100.8	103.8	106.3	98.8	103.9	105.5	101.9	101.0
安　徽	100.6	100.8	104.5	106.3	99.0	103.2	105.3	102.1	101.3
福　建	100.6	100.5	104.3	105.7	97.9	103.4	104.8	101.8	101.1
江　西	100.9	101.2	104.0	106.1	99.1	102.7	104.8	102.1	101.5
山　东	100.6	100.6	103.6	104.9	99.4	102.7	104.7	101.6	101.4
河　南	101.7	100.9	104.4	107.5	99.4	103.7	105.7	102.3	101.9
湖　北	102.1	101.1	104.2	106.3	98.6	103.1	105.6	102.6	101.8
湖　南	102.3	101.3	104.3	105.6	98.5	103.1	105.5	101.7	101.7
广　东	101.8	101.5	103.4	106.0	96.8	103.3	105.1	102.2	101.0
广　西	101.1	100.3	104.8	107.6	98.0	103.0	106.0	102.3	101.2
海　南	100.9	101.3	103.8	106.7	98.5	104.6	105.4	102.7	101.5
重　庆	98.7	101.6	103.7	105.0	97.3	101.7	104.7	101.6	101.8
四　川	100.6	101.7	105.3	105.3	100.1	103.0	104.6	101.6	101.7
贵　州	101.3	100.9	104.2	107.2	97.6	103.0	105.5	102.0	101.5
云　南	**100.1**	**100.8**	**104.4**	**106.1**	**100.1**	**103.6**	**105.1**	**102.4**	**102.6**
西　藏	100.8	100.2	101.7	103.9	99.5	101.0	103.7	102.9	103.0
陕　西	100.1	101.8	105.0	106.9	99.9	103.6	104.8	102.3	101.8
甘　肃	99.9	101.2	104.4	107.9	101.8	104.6	105.4	102.6	102.6
青　海	100.7	102.0	106.0	110.6	101.6	104.3	105.4	102.1	102.7
宁　夏	100.4	101.3	104.1	108.5	99.5	103.2	105.3	101.0	102.4
新　疆	99.4	101.8	105.1	108.5	100.4	104.6	105.1	103.3	103.3

附录1-5 2005-2013年全国及各地区工业生产者出厂价格指数

(上年价格=100)

地 区	2005	2006	2007	2008	2009	2010	2011	2012	2013
全 国	**104.9**	**103.0**	**103.1**	**106.9**	**94.6**	**105.5**	**106.0**	**98.3**	**98.1**
北 京	101.3	99.1	99.7	103.3	94.4	102.2	102.3	98.4	97.4
天 津	100.1	100.6	101.5	104.1	92.5	105.1	103.8	97.0	97.0
河 北	104.4	100.8	106.9	116.7	89.1	109.0	107.7	94.7	96.6
山 西	110.2	101.0	107.4	122.4	92.0	109.5	107.5	94.5	90.7
内蒙古	105.1	103.0	105.7	112.5	96.2	106.7	107.8	100.2	97.0
辽 宁	105.1	104.1	104.4	110.9	94.0	107.4	106.5	99.9	99.0
吉 林	104.3	101.7	102.7	104.9	96.1	105.2	105.4	99.1	98.7
黑龙江	116.7	109.9	105.3	114.0	87.4	115.0	112.0	100.0	98.0
上 海	101.7	100.6	101.2	102.2	93.8	102.3	102.9	98.4	98.2
江 苏	102.6	101.5	102.6	104.6	95.2	107.3	106.2	97.1	98.0
浙 江	102.3	103.8	102.4	104.3	94.9	106.2	105.0	97.3	98.2
安 徽	103.3	103.1	103.6	108.4	92.8	109.0	108.3	98.3	98.2
福 建	100.2	99.2	100.8	102.7	95.5	103.2	103.9	98.7	98.4
江 西	108.8	109.7	106.2	106.4	93.0	115.3	111.3	96.5	98.5
山 东	103.7	102.3	103.3	108.6	94.1	107.2	106.0	98.4	98.4
河 南	106.1	104.3	105.2	112.1	94.9	107.8	107.2	99.4	98.5
湖 北	104.5	102.9	103.9	106.1	95.6	104.9	106.6	100.3	99.2
湖 南	106.0	104.3	106.1	109.3	94.3	106.9	108.5	99.1	98.5
广 东	101.5	101.4	101.3	103.1	95.8	103.2	103.7	99.5	98.8
广 西	104.9	109.6	104.5	109.0	93.5	112.0	108.5	97.8	98.2
海 南	99.5	100.8	102.7	104.5	90.6	107.7	108.8	100.8	99.5
重 庆	103.0	102.2	103.5	105.8	95.5	103.1	103.8	99.9	98.0
四 川	104.0	101.9	103.9	109.3	96.5	105.0	107.3	98.6	98.7
贵 州	107.2	104.3	105.0	112.4	95.1	104.7	105.4	101.0	97.4
云 南	**104.5**	**104.6**	**105.7**	**105.8**	**91.5**	**108.8**	**104.7**	**97.9**	**97.5**
西 藏		106.0	101.1	105.6	98.2	105.8	104.3	99.7	99.8
陕 西	110.4	109.6	102.9	108.4	96.1	108.7	107.2	100.7	97.3
甘 肃	109.6	109.8	105.5	104.9	91.0	115.0	111.0	96.8	96.9
青 海	110.2	109.5	104.2	107.6	91.3	109.3	107.4	96.9	97.0
宁 夏	106.2	106.2	103.7	112.9	93.9	109.1	109.5	97.4	96.0
新 疆	116.6	114.4	106.3	116.4	85.5	125.3	114.8	96.9	96.5

附录1-6 2005-2013年全国及各地区工业生产者购进价格指数

(上年价格=100)

地区	2005	2006	2007	2008	2009	2010	2011	2012	2013
全国	**108.3**	**106.0**	**104.4**	**110.5**	**92.1**	**109.6**	**109.1**	**98.2**	**98.0**
北京	111.4	105.5	105.0	94.9	88.6	110.5	108.4	98.7	97.8
天津	104.9	104.7	105.7	97.3	90.2	110.0	109.7	97.1	97.4
河北	107.0	105.0	107.8	102.4	93.5	110.9	110.9	96.2	97.6
山西	108.2	102.6	105.3	111.5	96.6	109.0	108.1	98.1	95.5
内蒙古	109.9	105.9	104.8	107.3	99.1	105.0	106.1	102.0	99.3
辽宁	108.1	104.2	104.8	101.7	93.3	108.6	108.3	99.0	98.5
吉林	107.0	103.8	105.2	100.0	95.3	108.6	106.1	99.3	99.4
黑龙江	111.8	105.6	105.0	103.5	93.4	114.5	111.1	98.8	98.7
上海	106.8	104.8	104.1	99.9	89.8	111.2	107.5	94.7	96.5
江苏	107.6	106.4	105.0	98.2	91.9	112.8	108.9	95.8	97.1
浙江	105.4	105.6	105.3	97.6	92.6	112.0	108.3	96.7	97.7
安徽	107.1	103.9	105.1	104.5	95.3	111.8	110.8	98.2	96.9
福建	108.1	103.9	104.3	98.1	93.2	107.7	108.0	97.7	98.4
江西	110.0	108.6	107.9	99.7	90.7	111.8	112.4	98.3	98.4
山东	105.9	104.3	104.8	101.5	95.5	109.3	109.2	99.2	98.4
河南	108.3	105.3	106.4	103.3	97.1	110.2	110.1	99.2	99.3
湖北	107.0	104.9	104.5	100.3	93.4	110.4	111.5	98.9	98.2
湖南	109.4	106.5	106.1	99.6	92.6	110.0	110.8	100.1	98.4
广东	105.0	103.6	103.3	98.8	93.8	107.3	107.3	99.5	98.2
广西	108.2	111.4	106.1	98.4	95.1	111.2	110.0	99.2	98.9
海南	104.2	101.5	105.0	92.2	85.3	110.3	115.3	99.6	97.0
重庆	108.2	104.8	106.2	102.2	95.0	106.9	105.7	99.5	97.6
四川	109.3	104.3	105.7	104.0	95.3	106.1	112.6	100.0	99.2
贵州	107.4	107.3	107.5	102.3	93.5	109.8	115.0	102.3	96.4
云南	**106.5**	**107.6**	**108.2**	**111.6**	**95.0**	**109.0**	**108.0**	**99.3**	**98.8**
陕西	107.5	106.7	106.3	104.5	98.4	109.7	109.6	100.0	99.3
甘肃	109.9	108.8	104.3	99.7	90.5	114.4	115.1	98.7	97.8
青海	105.3	102.8	104.4	108.6	99.8	108.6	107.0	98.6	98.8
宁夏	109.7	108.5	107.1	109.4	94.7	114.1	112.8	99.5	97.0
新疆	110.7	111.1	103.8	95.2	90.6	123.9	117.8	97.9	97.8

附录1-7 2005-2013年全国及各地区固定资产投资价格指数

(上年价格=100)

地 区	2005	2006	2007	2008	2009	2010	2011	2012	2013
全 国	**101.6**	**101.5**	**103.9**	**108.9**	**97.6**	**103.6**	**106.6**	**101.1**	**100.3**
北 京	100.7	100.4	102.8	107.8	97.1	102.5	105.7	101.3	99.9
天 津	101.2	100.7	102.6	109.2	97.6	102.6	105.7	100.0	99.5
河 北	101.9	101.7	103.8	109.6	96.5	103.7	105.5	100.3	99.9
山 西	103.0	101.5	104.1	113.3	98.1	103.7	105.5	101.2	100.5
内蒙古	103.7	103.3	103.8	108.1	98.5	105.4	106.3	101.6	99.6
辽 宁	102.8	102.1	104.3	109.1	97.0	103.3	106.6	101.0	100.0
吉 林	102.0	102.2	103.9	107.3	99.4	102.4	105.6	100.4	100.0
黑龙江	102.2	102.1	104.5	109.0	97.6	105.2	107.5	100.8	100.1
上 海	100.8	100.1	103.5	107.9	97.0	103.8	106.5	99.4	100.2
江 苏	100.9	101.2	104.9	110.0	97.7	105.1	106.8	98.6	100.5
浙 江	100.3	101.5	104.4	109.3	96.7	104.7	107.5	99.2	100.0
安 徽	101.0	101.9	105.4	109.4	96.0	105.4	108.1	101.0	100.2
福 建	100.7	102.0	105.9	105.9	98.0	103.3	106.2	100.3	100.1
江 西	100.5	103.2	105.4	110.4	96.1	104.8	108.4	101.0	100.4
山 东	102.9	101.8	104.0	107.7	96.9	103.6	106.8	100.8	100.4
河 南	101.4	101.6	104.6	109.0	96.4	103.5	107.4	101.0	99.9
湖 北	102.2	101.8	104.1	109.4	98.8	104.7	107.3	101.8	100.5
湖 南	103.6	103.1	105.8	109.9	99.7	104.0	107.2	101.7	101.3
广 东	101.6	100.7	102.4	108.6	96.7	103.0	105.5	101.5	101.4
广 西	101.4	101.2	102.3	107.9	97.9	103.0	106.2	100.6	100.1
海 南	101.2	101.0	106.1	113.3	97.7	105.2	106.4	102.0	99.3
重 庆	102.3	101.7	105.5	110.2	97.8	102.1	105.9	101.8	100.5
四 川	103.9	102.9	104.7	112.5	98.3	102.5	105.2	101.0	100.4
贵 州	101.4	101.1	103.5	108.9	100.5	102.7	105.4	101.5	100.9
云 南	**104.6**	**101.8**	**104.2**	**107.4**	**98.1**	**102.7**	**104.6**	**101.0**	**101.1**
西 藏									
陕 西	103.7	102.6	104.0	109.5	99.3	103.6	105.9	102.6	102.0
甘 肃	102.2	104.1	102.8	106.7	101.5	103.5	104.7	102.1	100.4
青 海	101.8	102.4	104.2	110.5	100.9	103.8	106.5	102.2	101.5
宁 夏	102.1	101.3	103.2	109.0	100.2	104.2	107.5	101.5	99.8
新 疆	102.8	102.2	104.4	111.2	98.0	104.6	107.1	100.6	100.5

附录1-8　2001-2013年全国及各地区农业生产资料价格指数

(上年价格=100)

地区	2005	2006	2007	2008	2009	2010	2011	2012	2013
全　国	**108.3**	**101.5**	**107.7**	**120.3**	**97.5**	**102.9**	**111.3**	**105.6**	**101.4**
北　京									
天　津									
河　北	106.8	101.6	106.9	118.6	100.6	104.4	112.6	108.2	101.1
山　西	113.3	103.6	106.2	118.7	101.6	102.0	109.4	105.4	102.5
内蒙古	108.3	101.1	103.0	114.9	99.7	102.0	106.3	104.9	103.5
辽　宁	110.0	100.5	114.2	128.1	96.7	103.7	112.8	106.9	99.9
吉　林	109.2	97.2	106.0	127.3	96.4	99.1	111.4	106.8	100.8
黑龙江	108.6	101.9	109.4	122.7	94.2	105.6	110.2	107.8	104.1
上　海									
江　苏	106.9	101.7	106.9	117.3	97.6	104.2	112.6	104.6	102.4
浙　江	105.8	99.6	107.3	118.9	95.9	102.9	110.8	104.2	102.8
安　徽	108.3	100.0	106.8	123.9	95.8	102.0	114.3	105.3	100.9
福　建	108.1	100.9	110.3	123.6	93.3	102.4	111.8	103.3	99.5
江　西	107.9	101.1	106.6	119.9	97.6	101.9	111.2	106.6	102.4
山　东	106.2	103.0	107.1	119.3	96.3	103.0	111.1	105.9	101.2
河　南	107.9	101.2	106.1	120.9	98.1	103.1	111.1	105.4	101.3
湖　北	115.1	101.4	108.0	127.2	95.3	101.9	113.5	107.2	103.1
湖　南	111.2	100.7	113.0	126.5	95.0	101.4	110.9	104.7	102.3
广　东	105.8	102.6	105.8	114.5	98.2	101.7	109.6	104.0	99.7
广　西	110.5	101.0	114.4	124.0	94.2	101.9	112.2	103.9	99.9
海　南	108.9	100.7	107.1	114.8	94.0	107.3	115.6	10.3	101.0
重　庆									
四　川	107.2	103.3	109.0	116.6	101.2	103.6	112.4	104.7	101.5
贵　州	110.2	105.4	105.1	113.4	96.2	101.1	111.1	100.7	99.0
云　南	**105.9**	**102.8**	**107.0**	**116.6**	**99.3**	**101.4**	**108.3**	**104.6**	**100.1**
西　藏	100.6	100.4	101.0	103.2	99.1	100.6	102.6	101.6	101.8
陕　西	107.2	100.7	108.3	122.0	95.8	105.3	110.3	105.4	102.6
甘　肃	109.0	104.4	107.1	114.7	99.0	101.7	107.6	105.2	102.1
青　海	106.5	102.1	108.1	124.2	97.8	103.5	112.4	108.7	104.3
宁　夏	109.3	100.8	112.2	126.2	96.3	104.4	114.0	107.6	101.6
新　疆	105.3	102.5	106.2	112.3	99.5	103.1	106.6	106.2	102.6

附录1-9 全国及各地区居民消费价格分类指数(2013年)

(上年价格=100)

地区	总指数	食品	烟酒及用品	衣着	家庭设备用品及维修服务	医疗保健和个人用品	交通和通信	娱乐教育文化用品及服务	居住
全　国	**102.6**	**104.7**	**100.3**	**102.3**	**101.5**	**101.3**	**99.6**	**101.8**	**102.8**
北　京	103.3	104.7	100.1	101.5	101.7	100.2	99.0	103.9	105.6
天　津	103.1	105.8	100.9	101.1	102.0	100.6	98.6	102.5	104.4
河　北	103.0	105.9	100.6	102.7	101.4	101.9	99.7	101.7	102.0
山　西	103.1	106.2	102.1	102.0	101.6	100.8	99.2	102.5	102.5
内蒙古	103.2	106.3	101.5	103.7	100.8	101.4	99.5	101.9	102.3
辽　宁	102.4	104.6	100.6	102.1	101.2	101.5	99.7	100.9	102.3
吉　林	102.9	105.7	100.7	102.1	100.6	101.3	99.5	102.3	102.4
黑龙江	102.2	104.3	101.6	102.2	100.0	101.4	98.7	100.7	102.4
上　海	102.3	104.4	100.1	100.0	101.3	100.0	100.4	100.1	103.9
江　苏	102.3	104.1	98.7	103.2	102.2	101.1	99.7	101.3	102.5
浙　江	102.3	103.8	99.8	102.9	102.2	100.3	99.4	102.5	102.5
安　徽	102.4	104.7	98.7	102.1	100.9	101.2	99.9	102.7	101.4
福　建	102.5	104.0	99.7	101.9	100.4	101.4	99.8	101.9	103.3
江　西	102.5	104.5	100.6	102.8	101.0	101.3	99.7	101.8	101.9
山　东	102.2	104.8	100.3	103.3	100.3	101.0	99.3	101.3	101.4
河　南	102.9	105.6	100.4	102.5	101.5	101.5	100.2	102.9	101.9
湖　北	102.8	104.9	100.5	102.2	101.9	102.1	99.4	101.5	103.1
湖　南	102.5	104.2	103.1	102.3	101.8	101.7	100.0	102.1	101.8
广　东	102.5	103.6	100.6	101.6	101.8	101.3	99.5	101.9	103.7
广　西	102.2	103.8	99.8	102.3	101.1	100.7	99.9	100.8	102.7
海　南	102.8	103.9	100.6	100.5	101.6	102.8	101.3	101.6	103.4
重　庆	102.7	104.1	100.6	106.3	101.6	101.0	98.6	101.4	102.8
四　川	102.8	104.8	99.4	100.8	101.9	102.2	100.0	101.6	103.7
贵　州	102.5	104.1	101.5	102.3	101.1	101.5	99.6	101.8	103.0
云　南	**103.1**	**105.5**	**100.7**	**101.0**	**101.7**	**102.5**	**100.2**	**101.2**	**103.6**
西　藏	103.6	107.7	100.2	102.2	100.5	100.2	100.4	101.4	102.5
陕　西	103.0	105.6	100.6	102.9	103.0	102.7	98.7	100.8	102.8
甘　肃	103.2	105.6	101.0	102.7	101.8	102.1	100.0	101.6	102.7
青　海	103.9	108.1	99.4	101.7	100.9	101.7	99.0	101.0	104.5
宁　夏	103.4	107.2	99.8	103.0	101.3	103.2	98.6	99.7	102.2
新　疆	103.9	108.5	101.7	99.8	101.3	101.4	100.1	101.1	103.4

附录1-10 全国及各地区商品零售价格分类指数(2013年)

(上年价格=100)

地 区	总指数	食品	饮料烟酒	服装鞋帽	纺织品	家用电器及音像器材	文化办公用品	日用品	体育娱乐用品
全 国	**101.4**	**104.7**	**100.7**	**102.2**	**101.0**	**98.3**	**98.6**	**100.8**	**100.7**
北 京	99.8	104.9	100.6	101.5	99.3	95.7	95.6	100.8	101.9
天 津	101.7	105.8	101.8	101.0	103.5	96.6	97.7	101.0	107.6
河 北	102.2	105.8	100.9	102.7	101.3	99.1	99.5	100.8	100.9
山 西	101.8	106.3	101.4	102.1	102.7	98.5	98.0	100.6	100.9
内蒙古	102.6	106.5	101.4	103.8	104.0	99.1	98.9	101.5	100.8
辽 宁	101.6	104.7	100.8	101.9	101.2	98.1	99.5	101.1	100.6
吉 林	101.6	105.6	100.5	102.0	100.6	99.1	98.9	100.5	99.1
黑龙江	101.1	104.3	101.1	102.5	99.3	96.5	96.3	100.5	101.7
上 海	100.2	104.5	100.1	99.9	100.6	94.9	94.9	100.2	98.6
江 苏	101.4	104.1	99.7	103.1	101.5	99.6	99.5	101.6	101.1
浙 江	101.0	103.8	100.2	103.0	102.1	99.4	98.2	100.6	100.4
安 徽	101.3	104.7	98.9	102.0	99.1	99.1	99.6	100.6	100.3
福 建	101.1	104.3	100.1	101.7	98.9	96.5	98.5	99.9	99.9
江 西	101.5	104.6	100.8	102.7	101.2	97.8	98.0	100.9	100.2
山 东	101.4	104.9	100.6	102.8	101.3	98.0	98.9	100.7	100.5
河 南	101.9	105.6	101.4	102.7	100.8	99.8	99.2	101.3	100.3
湖 北	101.8	105.2	101.2	101.7	102.3	97.9	99.1	101.0	100.5
湖 南	101.7	104.3	102.6	102.2	101.4	99.4	99.8	100.8	101.2
广 东	101.0	103.8	100.4	101.7	98.0	97.9	99.3	100.4	100.6
广 西	101.2	103.9	100.5	101.7	101.7	98.4	98.6	100.6	100.0
海 南	101.5	103.7	100.7	100.5	101.5	99.1	99.2	101.7	102.5
重 庆	101.8	103.3	102.0	106.3	100.8	100.4	98.7	100.5	99.8
四 川	101.7	105.0	100.0	101.1	101.6	98.7	98.2	100.7	100.8
贵 州	101.5	104.2	101.7	102.9	99.2	97.3	98.6	101.0	99.6
云 南	**102.6**	**105.3**	**102.4**	**101.0**	**102.0**	**99.5**	**100.3**	**101.1**	**100.8**
西 藏	103.0	108.4	100.6	101.3	100.6	99.5	99.3	100.3	99.7
陕 西	101.8	105.2	101.4	103.0	102.2	98.0	99.6	101.3	101.6
甘 肃	102.6	106.2	100.7	102.8	101.5	97.8	99.9	102.1	101.3
青 海	102.7	108.0	99.8	101.5	100.0	96.2	97.4	101.0	101.4
宁 夏	102.4	106.8	100.4	102.4	102.1	96.0	98.7	101.9	100.4
新 疆	103.3	108.2	102.0	99.8	102.4	97.7	99.5	101.2	99.2

附录1-10 续表

(上年价格=100)

地 区	交通、通信用品	家具	化妆品	金银珠宝	中西药品及医疗保健用品	书报杂志及电子出版物	燃料	建筑材料及五金电料
全 国	**97.3**	**101.2**	**101.5**	**91.9**	**101.3**	**101.3**	**99.9**	**100.5**
北 京	94.5	103.2	99.1	88.9	101.6	100.8	100.6	100.4
天 津	96.8	102.6	102.2	91.0	101.9	100.3	99.8	102.4
河 北	98.8	101.9	103.0	91.7	102.7	101.2	98.7	101.3
山 西	98.1	101.7	101.9	92.1	101.9	102.9	97.4	99.7
内蒙古	98.2	100.9	100.7	91.5	102.0	100.4	100.0	99.8
辽 宁	97.8	100.8	101.6	91.9	101.8	101.2	99.6	100.4
吉 林	95.7	100.9	101.6	89.1	101.5	100.3	101.6	100.9
黑龙江	95.4	99.5	102.0	98.3	101.3	100.1	99.1	99.1
上 海	96.8	99.7	100.8	93.7	101.0	100.9	99.3	100.6
江 苏	98.3	102.1	102.1	91.2	100.7	101.4	101.9	100.3
浙 江	98.7	101.0	101.5	91.8	98.6	100.5	99.8	100.3
安 徽	97.0	99.5	100.8	90.9	101.5	103.4	99.3	100.1
福 建	96.7	100.7	101.3	94.1	101.2	105.2	100.7	99.3
江 西	97.0	100.1	101.4	92.2	101.6	100.5	100.1	101.3
山 东	97.4	100.3	101.4	93.9	100.5	101.1	99.5	100.3
河 南	97.4	101.4	102.0	91.5	102.2	102.5	98.3	100.0
湖 北	93.5	100.8	102.0	92.3	102.7	101.7	100.5	101.3
湖 南	98.2	102.1	101.5	91.7	102.4	100.9	99.0	101.9
广 东	97.3	101.6	101.4	90.6	100.8	101.0	99.2	100.8
广 西	98.5	100.2	101.0	90.6	100.6	99.9	99.7	100.9
海 南	99.1	102.7	101.4	90.5	103.2	100.9	102.4	97.3
重 庆	96.9	99.6	102.6	93.9	101.3	100.7	100.7	103.1
四 川	98.5	101.7	101.6	91.8	101.0	100.5	100.4	100.3
贵 州	98.1	103.1	102.2	95.1	102.1	104.9	99.7	99.3
云 南	**98.0**	**100.5**	**100.7**	**90.5**	**104.8**	**99.4**	**103.9**	**101.3**
西 藏	99.6	100.4	100.9	99.7	100.0	100.2	100.9	104.7
陕 西	96.8	105.0	102.1	90.2	102.6	101.6	99.4	98.7
甘 肃	96.1	102.7	102.3	91.4	102.9	100.1	100.5	100.8
青 海	95.1	101.5	100.0	91.4	103.3	102.8	100.3	99.7
宁 夏	94.0	100.3	102.3	90.8	105.2	104.9	100.7	100.1
新 疆	97.3	101.1	103.0	94..4	102.5	105.4	102.0	99.6

附录1-11　全国及各地区工业生产者出厂价格指数(2013年)

(上年价格=100)

地　区	工业生产者出厂价格指数	生产资料			生活资料				
			采掘业原材料工业	加工工业		食品类	衣着类	一般日用品	耐用消费品
全　国	**98.1**	**97.4**	**94.3**	**98.0**	**100.2**	**100.6**	**101.1**	**99.6**	**98.9**
北　京	97.4	96.7	87.7	95.9	100.5	103.3	99.2	99.1	99.4
天　津	97.0	96.5	98.4	96.2	98.9	97.5	102.8	101.2	99.3
河　北	96.6	95.7	95.8	95.6	101.5	103.1	100.1	100.7	100.4
山　西	90.7	90.2	85.5	93.9	101.8	102.1	100.4	97.8	100.1
内蒙古	97.0	95.8	92.0	97.1	102.5	103.9	101.4	100.9	96.6
辽　宁	99.0	98.8	97.3	99.0	99.8	99.3	99.3	100.0	97.8
吉　林	98.7	98.0	96.4	98.3	99.8	100.0	100.9	100.1	100.0
黑龙江	98.0	97.2	95.4	97.9	101.0	99.7	103.5	101.1	100.5
上　海	98.2	97.9	103.9	98.0	99.2	99.6	100.7	96.6	99.5
江　苏	98.0	97.5	95.0	97.7	100.1	99.2	100.8	100.5	98.8
浙　江	98.2	97.6	100.0	97.8	99.6	100.4	99.8	99.1	99.4
安　徽	98.2	96.9	92.9	97.5	101.5	101.8	103.9	102.0	100.0
福　建	98.4	97.6	97.4	97.3	99.8	99.8	100.4	99.1	98.3
江　西	98.5	98.0	96.4	98.4	100.3	99.5	102.0	99.8	99.6
山　东	98.4	97.8	92.3	98.7	100.4	99.7	101.4	99.7	99.9
河　南	98.5	97.5	91.8	99.2	102.2	103.0	101.4	99.7	100.0
湖　北	99.2	98.1	96.5	98.6	101.7	101.2	101.9	97.7	100.7
湖　南	98.5	97.7	94.4	98.7	101.3	100.9	100.2	100.6	100.6
广　东	98.8	98.3	96.3	98.4	99.6	99.1	101.9	99.6	98.0
广　西	98.2	98.4	96.3	98.4	97.5	97.1	105.2	100.8	100.2
海　南	99.5	99.1	103.0	96.4	100.7	98.8	97.2	101.0	100.8
重　庆	98.0	97.6	93.9	98.1	99.1	100.6	101.6	99.7	96.0
四　川	98.7	98.2	97.5	98.3	99.9	101.0	110.2	99.5	93.4
贵　州	97.4	96.1	93.2	97.0	102.4	100.5	100.2	100.6	104.9
云　南	**97.5**	**96.4**	**97.3**	**95.5**	**100.5**	**100.5**	**100.9**	**98.3**	**100.8**
西　藏	99.8	99.4	95.5	103.0	100.4	100.4	110.2	102.2	146.7
陕　西	97.3	96.8	94.5	99.0	100.6	101.9	106.1	99.6	99.5
甘　肃	96.9	96.3	93.8	96.6	103.0	103.8	100.9	102.5	104.8
青　海	97.0	96.4	96.1	97.4	104.7	103.8	108.2	96.5	100.0
宁　夏	96.0	95.8	91.6	97.2	98.7	103.7	105.7	80.5	100.2
新　疆	96.5	96.0	95.4	96.3	101.5	102.2	100.7	100.0	100.6

附录1-12 全国及各地区固定资产投资价格指数(2013年)

(上年价格=100)

地 区	固定资产投资价格指数	设备、工器具购置	建筑安装工程	其他费用
全 国	**100.3**	**99.0**	**100.3**	**101.7**
北 京	99.9	97.7	97.3	102.9
天 津	99.5	98.8	99.3	100.6
河 北	99.9	99.1	99.9	101.9
山 西	100.5	99.0	100.8	100.7
内蒙古	99.6	99.0	99.6	100.8
辽 宁	100.0	99.2	99.9	102.2
吉 林	100.0	99.1	100.4	100.6
黑龙江	100.1	98.7	100.4	101.8
上 海	100.2	98.5	99.8	102.2
江 苏	100.5	98.8	100.8	103.0
浙 江	100.0	98.7	99.5	102.3
安 徽	100.2	99.0	100.3	101.2
福 建	100.1	98.9	100.0	101.2
江 西	100.4	99.0	100.4	103.2
山 东	100.4	99.3	100.5	102.1
河 南	99.9	99.7	99.8	101.2
湖 北	100.5	99.0	100.5	102.6
湖 南	101.3	99.6	101.6	102.3
广 东	101.4	99.1	101.9	101.7
广 西	100.1	99.6	99.9	101.3
海 南	99.3	99.0	98.9	101.1
重 庆	100.5	98.7	100.5	101.5
四 川	100.4	99.5	100.2	101.6
贵 州	100.9	99.2	101.5	100.1
云 南	**101.1**	**99.3**	**101.2**	**101.9**
西 藏				
陕 西	102.0	99.5	102.3	103.7
甘 肃	100.4	97.1	101.0	101.9
青 海	101.5	99.0	102.0	101.6
宁 夏	99.8	99.1	99.9	100.0
新 疆	100.5	99.5	100.5	103.5

附录1-13　全国及各地区农业生产资料价格分类指数(2013年)

(上年价格=100)

地　区	总指数	农用手工工具	饲料	产品畜	半机械化农具	机械化农具
全　国	**101.4**	**103.0**	**104.5**	**100.3**	**100.7**	**100.5**
北　京						
天　津						
河　北	101.1	100.2	104.0	102.1	101.0	101.0
山　西	102.5	101.8	102.0	101.4	100.0	99.9
内蒙古	103.5	101.1	103.3	128.2	100.9	100.9
辽　宁	99.9	101.8	103.8	91.6	100.1	100.3
吉　林	100.8	101.9	105.7	102.5	100.7	100.7
黑龙江	104.1	102.1	103.9	104.3	100.4	100.4
上　海						
江　苏	102.4	101.9	104.3	101.1	102.0	100.6
浙　江	102.8	104.1	105.2	101.8	101.1	100.3
安　徽	100.9	102.5	105.1	102.7	100.0	100.5
福　建	99.5	101.7	102.5	97.6	100.5	100.4
江　西	102.4	106.3	103.4	99.7	100.9	102.7
山　东	101.2	101.8	104.7	104.2	99.3	100.9
河　南	101.3	105.0	106.4	98.5	102.3	100.3
湖　北	103.1	103.0	107.3	101.6	102.0	100.5
湖　南	102.3	105.0	103.3	98.3	104.6	100.4
广　东	99.7	102.0	104.9	89.7	100.9	99.5
广　西	99.9	104.3	103.8	90.3	99.7	99.6
海　南	101.0	106.5	102.2	9.2	100.8	103.2
重　庆						
四　川	101.5	103.9	103.5	100.6	100.1	100.2
贵　州	99.0	105.8	100.7	97.9	97.6	99.3
云　南	**100.1**	**101.5**	**104.0**	**96.1**	**101.4**	**101.7**
西　藏	101.8	100.9	100.7	103.3	100.9	101.7
陕　西	102.6	104.4	105.7	102.7	103.0	101.0
甘　肃	102.1	106.5	102.5	108.0	100.3	100.3
青　海	104.3	99.7	110.2	111.4	100.5	100.0
宁　夏	101.6	101.5	111.1	101.7	101.5	99.5
新　疆	102.6	102.4	106.6	112.3	101.0	100.5

附录1-13 续表

(上年价格=100)

地 区	化学肥料	农药及农药械	农用机油	其他农业生产资料	农业生产服务
全 国	**97.7**	**101.6**	**100.5**	**103.9**	**106.5**
北 京					
天 津					
河 北	95.3	103.2	100.8	102.8	104.8
山 西	100.4	101.3	100.0	102.9	110.2
内蒙古	98.9	101.4	99.4	102.1	101.3
辽 宁	98.0	102.0	99.8	104.2	104.0
吉 林	96.3	104.7	101.9	101.3	105.8
黑龙江	98.8	100.6	99.0	108.8	113.1
上 海					
江 苏	98.2	102.4	100.7	102.2	105.5
浙 江	98.3	100.7	99.8	102.8	106.7
安 徽	95.7	101.4	99.5	102.5	104.4
福 建	96.3	100.4	100.1	101.3	104.0
江 西	99.6	100.9	99.8	103.6	112.3
山 东	97.2	102.0	102.6	104.3	105.7
河 南	95.4	102.1	99.3	106.0	106.1
湖 北	102.2	100.2	105.3	104.4	107.3
湖 南	101.6	101.2	102.6	102.7	106.9
广 东	98.4	100.7	99.1	101.5	102.0
广 西	93.3	102.4	99.7	107.4	105.4
海 南	101.8	102.9	99.7	106.7	107.3
重 庆					
四 川	99.1	102.4	99.1	101.9	109.7
贵 州	96.9	101.3	99.1	101.5	100.3
云 南	**98.5**	**100.2**	**100.2**	**101.6**	**109.2**
西 藏	101.5	100.0	100.8	101.6	103.7
陕 西	98.1	103.3	99.6	105.9	108.2
甘 肃	100.3	103.5	100.2	103.3	100.9
青 海	100.9	99.6	100.5	104.0	105.2
宁 夏	96.6	102.1	100.3	102.5	103.9
新 疆	98.3	101.0	101.9	103.5	106.8